NANCY DEMOSS WOLGEMUTH
ROBERT WOLGEMUTH

DEIXE DEUS ESCREVER SUA HISTÓRIA

This book was first published in the United States by Moody Publishers, 820 N. LaSalle Blvd., Chicago, IL 60610 with the title *You can trust God to write your story*, copyright ©2019 by Revived Hearts Foundation & Robert D. Wolgemuth. Translated by permission. All rights reserved. Portuguese edition copyright ©2020 by Editora Hagnos Ltda

Tradução
Iara Vasconcellos

Revisão
Andrea Filatro
Josemar de Souza Pinto

Capa
Douglas Lucas

Diagramação
Sonia Peticov

Gerente editorial
Juan Carlos Martinez

1ª edição: Março de 2020

Coordenador de produção
Mauro W. Terrengui

Impressão e acabamento
Imprensa da fé

Todos os direitos desta edição reservados para:
Editora Hagnos
Av. Jacinto Júlio, 27
04815-160 • São Paulo - SP • Tel. Fax: (11) 5668-5668
hagnos@hagnos.com.br • www.hagnos.com.br

Dados Internacionais de Catalogação na Publicação (CIP)
Angélica Ilacqua CRB-8/7057

Wolgemuth, Nancy DeMoss

Deixe Deus escrever sua história / Nancy DeMoss Wolgemuth, Robert Wolgemuth; tradução de Iara Vasconcellos. — São Paulo: Hagnos, 2019.

ISBN 978-85-243-0591-7
Título original: *You can trust God to write your story*

1. Providência divina — Cristianismo   2. Confiança em Deus — Cristianismo   I. Título   II. Wolgemuth, Robert   III. Vasconcellos, Iara

19-2787   CDD-231.5

Índice para catálogo sistemático:
Providência divina — Cristianismo

Para o dr. William Hogan, amado pastor de Nancy. Ela cresceu ouvindo suas pregações durante a infância e a adolescência. Através de seu ministério, ela aprendeu a valorizar e confiar na soberania de Deus como uma dádiva preciosa. O dr. William não podia imaginar que sua influência e a de sua querida esposa, Jane, sobre a vida dessa jovem se tornariam, um dia, um dos melhores presentes de Deus para mim.

Mais de quarenta anos depois, na doce Providência de Deus, a vida do dr. William tornou-se ainda mais entrelaçada com a história que Deus estava escrevendo em minha vida e na vida de Robert, quando ele celebrou o nosso casamento. Naquele dia, ao iniciarmos um novo capítulo em nossa história, aquele servo fiel, com seus 80 anos, nos lembrou:

Quem vai adiante de vocês?
O Rei da glória!

Esta continua sendo a nossa confiança enquanto esperamos, com grande expectativa, tudo o que Deus tem reservado para Seus discípulos nos dias e eras futuras.

O Senhor já havia planejado todos os dias da minha vida; cada um deles estava registrado no seu livro, antes de qualquer um deles existir!

Salmo 139.16 (*NBV*)

Sumário

Prefácio	9
Introdução	13
1. Sobre pássaros, flores e você: *Vivendo sob a providência divina*	23
2. Escolhida: *A história de Ester*	39
3. Agraciados: *A nossa história*	51
4. Você pode confiar em Deus quando o seu casamento está em crise	69
5. Você pode confiar em Deus quando deseja se casar	83
6. Você pode confiar em Deus quando sofre pressões financeiras	97
7. Resgatadas: *A história de Noemi e Rute*	111
8. Você pode confiar em Deus na enfermidade	121
9. Você pode confiar em Deus quando pecam contra você	137
10. Enviado: *A história de José*	151
11. Você pode confiar em Deus quando o seu filho magoa o seu coração	161
12. Você pode confiar em Deus quando perde uma pessoa amada	177

13. Você pode confiar em Deus ao enfrentar a morte 193

14. Surpreendidos: *A história de Maria e José* 205

15. Consumado: *A história de Jesus* 217

16. Você realmente pode confiar em Deus: *sua história* 229

Agradecimentos 249

Sobre os autores 251

PREFÁCIO

Antes de você começar a ler...

Por Joni Eareckson Tada

Durante uma viagem recente a Maryland, passei pela fazenda que pertence à nossa família e segui em frente para visitar o *campus* do *Western Maryland College*. Eu queria passear pelos pátios e jardins daquela antiga faculdade metodista que, originariamente, planejei frequentar. Será que muita coisa mudou desde 1967, quando eu esperava ter sido caloura ali? Ao passar com minha cadeira de rodas pelos prédios de tijolos aparentes, fiquei pensando: "Como minha vida teria sido diferente se eu tivesse me formado aqui?" Eu intencionava ser fisioterapeuta. Mas sabe-se lá... Eu poderia ter mudado de especialidade, poderia ter deixado os estudos para me casar ou poderia até ter abandonado a minha titubeante fé cristã.

Tudo o que sei é que Deus tinha planos muito melhores para a minha vida. Parei em uma subida de onde se via a pista de atletismo e sorri. Sim, acabei entrando em fisioterapia... mas como quadriplégica, em decorrência de um acidente de mergulho a poucas semanas da minha orientação acadêmica! *Nunca sonhei que viria a esta escola como visitante em uma cadeira de rodas.* Por sinal, eu era uma visitante muito satisfeita. Não senti nenhuma tristeza ou ressentimento. Em nenhum momento senti inveja das garotas que treinavam na pista de atletismo. Honestamente, mal podia esperar para voltar à *van* e continuar a viagem para o "Refúgio Familiar da Joni e Amigos" [*Joni and friends' family retreat*], ao norte das montanhas da Pensilvânia.

Deus deixou muito claro Seu plano para a minha vida — pelos últimos quarenta anos, liderei um ministério cristão que alcançou para Cristo centenas de milhares de pessoas com deficiência (PCDs) e suas famílias, nos Estados Unidos e ao redor do mundo. Mantemos refúgios para famílias com necessidades especiais em todo o planeta e provemos milhares de cadeiras de rodas para crianças carentes com deficiências em vários países. Levar esperança e ajuda a pessoas em sofrimento? Não consigo pensar em uma história melhor que Deus pudesse ter escrito para a minha vida.

Deus está determinado a escrever histórias fascinantes na vida de todos nós. Isso você descobrirá ao ler este precioso livro, *Deixe Deus escrever sua história*. Nos planos de Deus, alguns capítulos da nossa vida podem ser longos e agradáveis; outros, curtos e, às vezes, dolorosos. No entanto, só entendemos o sentido da nossa história quando ela está inserida em um contexto muito maior, a história do próprio Jesus Cristo. Os melhores capítulos da minha vida não foram os dias fáceis e leves, quando eu podia andar; foram os dias difíceis e pesados, quando eu sofria e buscava pelos fortes braços do meu Salvador.

PREFÁCIO

Os melhores capítulos da minha vida não foram os dias fáceis e leves, quando eu podia andar; foram os dias difíceis e pesados, quando eu sofria e buscava pelos fortes braços do meu Salvador.

Os autores deste livro, Robert Wolgemuth e sua esposa, Nancy, poderiam dizer o mesmo. Eu os conheci décadas atrás, quando Nancy Leigh DeMoss era solteira e focada em seu ministério internacional de ensino. Robert era um executivo da Word Publishing, casado, feliz e com dois filhos. Suas histórias pareciam fáceis de ler, quase previsíveis. Qualquer um poderia facilmente imaginar como Deus escreveria os próximos capítulos. No entanto, os mistérios da Providência de Deus entraram em cena, forçando-os por caminhos novos e desconhecidos. Como aconteceu comigo, suas histórias foram *muito* diferentes do que eles planejaram originariamente. Essa, porém, é a parte gloriosa dos caminhos misteriosos de Deus!

Então, é mais sábio deixar que a história da nossa vida seja escrita pelo melhor de todos os escritores. Se Deus parece estar escrevendo os capítulos da sua vida de uma forma bizarra, não resista ao que Ele está escrevendo. Não resista aos solavancos e às feridas de seu roteiro. Sou a primeira a confessar que Sua Providência, às vezes, pode parecer um conto de mistério, mas ao final, para aqueles que nEle confiam, *sempre* será sábio, específico e bom. Bom para você e para as outras pessoas. E melhor ainda para o Reino.

Este livro tem como título *Deixe Deus escrever sua história*. Porque, se você segue a Jesus, quer goste quer não, cada dia da sua vida será cheio de propósito para o Reino, terá significado eterno e um destino real repleto de alegria e satisfação. Permita que meus queridos amigos Robert e Nancy ajudem você a aceitar os mistérios da Providência do Senhor. Quando se trata de finais felizes, não se pode encontrar um autor melhor do que o Deus da Bíblia.

Sim, finais felizes são a especialidade de Deus — vire a página, confie nEle e descubra isso por si mesmo.

JONI EARECKSON TADA
Joni and Friends International Disability Center
[Centro Internacional para Deficientes Joni e Amigos]

Introdução

Era uma vez...

Quais os ingredientes de uma boa história?

As pessoas procuram por histórias com significado
real. Histórias de redenção, de inspiração e que sejam
maiores do que suas histórias pessoais.[1]

Scott Harrison

— Quem não gosta de uma boa história?

Quando minhas filhas (do Robert) eram pequenas, às
vezes eu as levava comigo no sábado de manhã para fazer
compras. No caminho elas costumavam pedir: "Papai,
conta uma história!" E as histórias favoritas eram sobre
quando elas eram pequenas, assim como as da minha própria infância.

Histórias não são, certamente, apenas para crianças.
Em qualquer idade, gostamos de um bom enredo, seja ele

---

[1] Citado em ESSMAKER, Ryan e Tina. *Scott and Vik Harrison*, entrevista
publicada em *The great discontent*, 12 de fevereiro de 2013, https://
thegreatdiscontent.com/interview/scott-and-vik-harrison.

contado pessoalmente, seja em um bom livro ou em um filme. Boas histórias nos entretêm, nos ensinam e envolvem a nossa imaginação e criatividade.

Elas também nos conectam com Deus, o Primeiro Contador de Histórias e o Autor definitivo da história individual da nossa vida.

Este livro está repleto de histórias. Elas são todas verdadeiras, embora, em alguns casos, tenhamos mudado os nomes e detalhes para proteger a privacidade das pessoas. Você lerá:

- Trechos das nossas próprias histórias — algumas da nossa infância e adolescência, outras mais recentes;
- algumas cenas da vida de alguns dos nossos amigos, representando épocas e desafios diferentes;
- algumas histórias de pessoas que viveram há muito tempo, mas que ainda hoje continuam a nos inspirar;
- vários relatos de personagens bíblicas, inseridos como "interlúdios" ao longo deste livro. São histórias sobre homens e mulheres reais cuja vida sofreu transformações inesperadas e até turbulências ocasionais, assim como acontece com você e com todos nós.

É também um livro *a respeito de* histórias. Mais especificamente, é sobre a abrangente, eterna e muitas vezes invisível história que Deus está escrevendo neste mundo quebrado e caído. Exploraremos o que a história dEle tem a ver com as nossas histórias individuais e como ela interage com as nossas dores e perguntas não respondidas.

Antes de nos aprofundarmos em tudo isso, vamos gastar um momento para conversar sobre o que faz com que uma história se torne uma boa história. (Robert: isso me faz lembrar das aulas de inglês com a senhorita Kilmer, quando eu era calouro.) Trata-se, sem dúvida, mais de arte do que de ciência. No entanto, por trás da beleza e do drama de uma história cativante existem certos ingredientes essenciais. Como vigas invisíveis dentro de uma parede, são eles que fornecem estrutura e credibilidade a uma história.

Comecemos com as pessoas na história...

AS PERSONAGENS

O protagonista

Toda boa história tem um protagonista — uma personagem que entra em uma jornada e, de alguma maneira, se transforma. Quase sempre, ele também é o herói — aquele que, no final, salva a situação. Pense em um policial resgatando uma donzela em perigo, ou em uma enfermeira corajosa no campo de batalha esquivando-se de morteiros e tiros, e arriscando a vida para salvar soldados feridos.

Quando eu era pequeno, os programas de TV do fim de semana mostravam heróis como *Super Mouse* e *Lassie*. Se este fosse um audiolivro, eu provavelmente cantaria ou assobiaria as músicas-tema desses seriados. Eles foram os heróis que cativaram a minha imaginação quando eu era criança. (Se você é muito jovem para se lembrar deles, procure no *YouTube*!)[2]

O antagonista

Do outro lado da moeda está o bandido, aquele que é vaiado pela audiência quando surge na tela... ou quando seu nome

---

[2][NT] Veja https://www.youtube.com/watch?v=X78i13q-atk e https://www.youtube.com/watch?v=VjA4-wSjPWg.

aparece em uma página do livro. É o cara que atrapalha a história. Ele torna miserável a vida do mocinho e de seus aliados — até mesmo colocando vidas em perigo. Todos amam odiar esse cara!

Outras personagens

A maioria das histórias obviamente envolve mais do que duas pessoas; então, você terá outras personagens desempenhando vários papéis. Elas podem oferecer ajuda (um assistente), motivação (um interesse amoroso) ou conselhos sábios para orientar o herói ou heroína em sua jornada. Podem contribuir para complicar ou mudar o rumo do enredo e, em alguns casos, são testemunhas ou narradores dos acontecimentos.

E, além das pessoas, temos também...

O ENREDO

Uma ação instigante

Já temos as personagens. Agora precisamos de um evento, circunstância, desafio ou tragédia que coloque as personagens em movimento. Pode ser um desastre natural ou algo provocado por alguém — talvez pelo antagonista. "O que eles vão fazer agora?", pensa o leitor.

Uma trama bem urdida cativa a nossa atenção desde o início, dando-nos motivos para nos importarmos com aquelas pessoas que acabamos de conhecer.

Mas... alguma coisa dá errado; então, é criado um...

Conflito

É nesse ponto que o enredo fica interessante. Algum tipo de disputa surge no roteiro. Cresce a tensão entre o protagonista e o antagonista, tornando a história fascinante. Não conseguimos parar de ler. É isso que captura a nossa atenção. Quanto maior a tensão, menor a nossa propensão a nos distrairmos ou cochilarmos.

Então, tudo isso se junta para chegarmos a algum tipo de...

Clímax e desfecho

Essa é a parte da história em que o conflito vem à tona e algum tipo de decisão é tomada. O vilão fraqueja e fracassa. O herói vence. É para esse ponto que a aventura foi convergindo e crescendo, desde o início. O espectador, o leitor ou o ouvinte fica satisfeito com o resultado, restando somente finalizar os detalhes e responder a algumas perguntas.

Bem, isso pode demorar a acontecer. De fato, muita história ainda pode se desenrolar após o clímax. No entanto, quando chegamos ao auge da narrativa, seu desfecho é apenas uma questão de tempo.

Obviamente, nem toda história é tão simples e direta como a que acabamos de descrever. Por vezes, o protagonista e o herói, ou heroína, serão personagens diferentes. Os heróis podem ser falhos, e os vilões podem ter motivações erradas ou estar confusos em vez de serem maus. Os coadjuvantes podem ter seus próprios enredos paralelos para adicionar interesse ou textura à história principal. A ação pode tomar rumos imprevisíveis. Em geral, tudo isso torna a história ainda mais fascinante.

Situações que nos parecem confusas e caóticas são, na verdade, tramas que Deus está tecendo para criar uma história... uma obra de arte bela e interessante.

Alex e Stephen Kendrick investiram seu tempo buscando e contando boas histórias. Talvez você tenha assistido a alguns dos filmes produzidos por esses irmãos: *Desafiando gigantes, À prova de fogo, Corajosos, Quarto de guerra*. Nós assistimos a todos eles e derramamos muitas lágrimas!

Conversando sobre o que torna uma história convincente, Stephen disse que, se alguém conta a história de alguém que, por exemplo, acorda, toma café da manhã, vai trabalhar, volta para casa, janta e vai dormir, as pessoas dirão que é entediante. Ninguém gosta de uma história monótona. Queremos ver ação, conflito, intriga, mudanças inesperadas, problemas a serem resolvidos.

Só que, quando se trata da nossa vida, pensamos de modo diferente. Aquele roteiro "chato", organizado e descomplicado — sem confusão e sem problemas — é o que a maioria de nós gostaria de viver. Queremos que a nossa história e as histórias de quem amamos tenham um final feliz e previsível, com tudo se encaixando perfeitamente. Queremos que, em noventa minutos, as pessoas boas se apaixonem e vivam felizes para sempre e que as pessoas más saiam de cena e sejam esquecidas. Portanto, quando uma reviravolta inesperada e indesejada acontece na nossa história de vida pessoal — quando o médico nos dá um diagnóstico preocupante, quando recebemos um "bilhete azul", quando perdemos um bebê ou descobrimos que um amigo está fofocando pelas nossas costas —, sentimos-nos desapontados, traídos e até arrasados.

No entanto, as histórias que Deus escreve raramente são organizadas e imaculadas ("chatas"). De fato, muitos dos relatos bíblicos são bastante caóticos.

A Bíblia cativa o nosso coração, muda a nossa vida e promove o reino de Deus, com histórias como a de José, que foi falsamente acusado e jogado na prisão por recusar o assédio da esposa de seu chefe... Ou como a história de Daniel, que foi lançado na cova dos leões por ter resistido ao decreto real que proibia orar a Deus.

Isso não é menos verdade na nossa vida. Situações que nos parecem confusas e caóticas são, na verdade, tramas que Deus está tecendo para criar uma história... uma obra de arte bela e interessante. Incidentes e eventos que não fazem nenhum sentido agora, um dia farão todo sentido — se não nesta vida, no céu — ao contemplarmos a obra-prima que, o tempo todo, Ele tinha em mente.

___ ⅍ ___

As histórias narradas neste livro têm protagonistas, antagonistas, ações e conflitos. Algumas já têm um desfecho, outras ainda não. Nenhuma delas, porém, está terminada. Deus ainda está escrevendo Sua história em nós e através de nós.

Esperamos que, ao ler os relatos aqui registrados, você seja encorajado e inspirado a confiar a sua história a Ele. Tenha também em mente outro ponto importante:

cada uma das histórias neste livro é parte da maior e grandiosa história eterna que Deus está escrevendo! E isso também é verdade para a sua história.

A sua vida e a sua história realmente importam. Elas fazem sentido quando você as vê no contexto da grandiosa História de Deus.

Isso deve confortá-lo e encorajá-lo — saber que a sua vida não é apenas um cisco à deriva no oceano do tempo, perdido entre os bilhões de pessoas que já viveram. A sua vida e a sua história realmente importam. Elas fazem sentido quando você as vê no contexto da grandiosa História de Deus.

E essa História sublime é diferente de qualquer outra já escrita.

No princípio — era uma vez... ou seja, muito tempo atrás, de fato antes que houvesse o próprio tempo ou que qualquer outra coisa existisse —, *Deus...* (Gn 1.1).

Essa História começa com Deus no centro do palco.

Apenas Deus. Além dEle, não havia nada. Escuridão completa. Não é o mesmo que um passeio pelo campo em uma noite sem luar. Era o vazio definitivo.

Então... uma voz. Sua voz. E, por seis dias consecutivos, essa voz trouxe tudo à existência. Cadeias de montanhas e montes. Estrelas e areia. Leviatãs e lagartos. Essa semana da criação — em que tudo foi criado do nada — termina com a formação de um homem e de uma mulher. A História de Deus continua em um jardim.[3] Perfeito e de beleza pura. Feito para o casal que Deus criou para poder desfrutar de prazer interminável e relacionamento com Ele. O protagonista? O próprio Deus. Ele é a personagem principal, o autor, o herói. Essa história é dEle, sobre Ele e para Ele.

De repente... surge a serpente, o maior de todos os antagonistas. A vilã das vilãs. Sua missão é destruir o que Deus havia criado e esmagar a beleza impecável do jardim (chamado Éden) e seus residentes. E, assim, o antagonista atinge seu objetivo, causando estragos não apenas no jardim e no primeiro casal, mas em todo o planeta e em todos os seres humanos (com exceção de Um) que viessem a habitá-lo.

Essa é a ação instigante. Em pouco tempo, surge o conflito. O ciúme entre os dois primeiros filhos nascidos dos primeiros pais resulta no primeiro homicídio da história. Um irmão mata o outro e em seguida, da mesma forma como fez seu pai, tenta esconder seu pecado do Criador.

Nos milhares de anos que se seguem, enredos menores se desenrolam dentro da História maior. Encontramos heróis e criminosos. Pessoas geniais e pessoas fracassadas. Vencedores e malfeitores.

Então, o protagonista entra mais uma vez em cena. O Deus invisível que preenche o céu e a terra Se torna visível, e

---

[3] A História de Deus termina, de maneira encantadora, em uma cidade-jardim — o Éden celestial. Veja Apocalipse 2.7 (a palavra "paraíso" vem do termo grego que significa "parque" ou "jardim") e 22.1,2.

Sua mãe O segura em Seus braços. O Todo-poderoso Criador de toda carne é envolto em frágil carne. "Nos nasceu um Salvador" — o segundo Adão. E, com esse nascimento, a grande História de Deus irrompe em um clímax. Esta terra acorrentada e gemente está prestes a ser libertada de sua escravidão. A História — passado, presente e futuro — está prestes a ser reescrita.

Há, certamente, muito mais nessa história. Vivemos o longo desfecho da grande História de Deus, à medida que os pontos da trama estão sendo unidos e toda a história caminha para o final definitivo e gratificante — aquele dia em que todas as coisas serão feitas novas.

Nenhuma história já contada pode se comparar à grande História de Deus. Nenhuma outra é tão instigante, transformadora ou esperançosa.

E a sua e a nossa história fazem parte dela.

1

Sobre pássaros, flores e você

VIVENDO SOB A PROVIDÊNCIA DIVINA

É indescritivelmente precioso podermos crer que Deus, o nosso Pai do céu, está dirigindo os detalhes das circunstâncias da nossa curta permanência neste desordenado mundo! E que nada, por mais trivial que seja, se for relacionado com o nosso corpo ou nossa alma, deixa de estar sob Seu controle — ou, melhor, é ordenado por Ele mesmo![1]

Mary Winslow

Recentemente fomos convidados para jantar em um sofisticado restaurante no centro de Grand Rapids, Michigan.

Quando chegamos, demos ao *maître* o nome dos nossos anfitriões e fomos prontamente escoltados até uma sala particular e, então, calorosamente recebidos. Quando já

---

[1] KELDERMAN, Donna. *Seasons of the Heart: A year of devotions from one generation of women to another.* Grand Rapids: Reformation Heritage Books, 2013, 17 de agosto.

estávamos sentados, cada um de nós recebeu um cardápio encadernado em couro com o nome do restaurante gravado em relevo na capa. Tudo muito chique! Então, ao abrirmos o cardápio, ficamos ainda mais surpresos, pois nos deparamos com uma tecnologia de ponta em *touchscreen*. Fantástico! Depois de estarmos confortavelmente instalados, fizemos nossos pedidos e pegamos firme na conversa. Após alguns minutos, o garçom reapareceu primeiramente com os aperitivos e, em seguida, com as saladas. Porém, quando ele voltou pela terceira vez, estava acompanhado por três outros garçons, que traziam os pratos principais. Era a primeira vez que víamos aqueles três, mas eles pareciam saber exatamente o que cada um de nós havia pedido. Ainda mais impressionante era o fato de os pratos serem servidos em bandejas com reluzentes tampas em domo.

Colocando os pratos à nossa frente, os quatro garçons se entreolharam e, então, exatamente ao mesmo tempo, as tampas prateadas foram levantadas... Esse gesto foi seguido de um coro de exclamações: (Ohhh! Uau! Uhhh!). Os pratos revelados dessa maneira teatral à nossa frente eram exatamente o que tínhamos pedido.

Tudo perfeito!

———✦———

O problema é que, quando se trata da vida real, o que está nos pratos sob essas cúpulas cromadas é algo que não pedimos nem sequer podemos querer. E, como os pratos dos outros estão claramente visíveis, podemos ser tentados a comparar o nosso prato com o deles.

"Isso não é justo", podemos protestar. "Não era isso o que eu queria. Por que não recebi aquele prato em vez deste?"

Para piorar a situação, talvez não tenhamos tido nem mesmo a chance de fazer algum pedido.

Do que gostaríamos mesmo seria poder escolher o que nos apetecesse — as nossas esperanças e os nossos sonhos de uma boa vida — e, depois, quando o garçom levantasse a tampa prateada... *voilà!* — ver ali exatamente o que queríamos. E isso pode, ocasionalmente, acontecer. Mas algumas vezes não acontece. Com frequência não acontece. A soberania divinamente exercida por Deus é geralmente surpresa para nós, mortais.

Então, por que confiaríamos em um Deus que não nos dá o que queremos?

De fato, por que um Deus bom e amoroso nos serviria alimentos que não fossem apetitosos?

Você pode ficar com seu câncer. Eu vou pegar algo menos sério.

Este livro é sobre confiar em Deus para escrever a nossa história. Porém, como já dissemos, ele trata, realmente, da História de Deus: Seus caminhos, Seu olhar cuidadoso com Sua criação, e Sua Providência.

A palavra "Providência" não é muito utilizada hoje em dia. Para falar a verdade, uma pesquisa no Google mostra que o uso dessa palavra na mídia impressa vem diminuindo desde os anos 1800. Ocorre, porém, que ela possui conceitos e significados muito importantes.

O dicionário *Noah Webster* de 1828 nos revela vários dos sentidos dessa verdade fundamental, os quais devemos aprender a amar e confiar. São eles:

Prospecção, atendimento oportuno; particularmente, previsão ativa... acompanhada da provisão do que for necessário para uso futuro... E, em teologia, o termo tem a conotação do cuidado e da superintendência que Deus exerce sobre Suas criaturas.[2] [Tradução livre]

Essa palavra é formada por outras, cujos sentidos são "prover", que combina o latim *videre*, que significa "ver" (como em "vídeo"), com o prefixo *pro*, que significa "antes". *Pro-video*, "antever" — essa é a essência da "Providência" de Deus.

Deus vai à nossa frente. Ele vê e sabe todas as coisas, antes mesmo que elas aconteçam. E Ele nos provê o que for preciso para enfrentarmos o que virá.

Pare e pense por um momento sobre isso. Imagine só a paz, o conforto e a esperança que teríamos se realmente acreditássemos que Ele tudo sabe e tudo vê, conhecedores do que está prestes a nos acontecer, *antes mesmo* que aconteça — e, além disso, saber que Ele já preparou tudo aquilo de que precisaremos quando chegarmos lá! Se realmente crêssemos nisso, seríamos libertos do medo, da ansiedade e do pavor.

É por isso que eu (Nancy) costumo dizer: "Adoro viver sob a Providência!" Que presente incrível Deus nos deu!

———

Se pudéssemos sentar com Jesus e conversar sobre o termo "Providência", Ele poderia explicá-lo com uma

---

[2]WEBSTER, Noah. *American dictionary of the english language*, Webster's Dictionary 1828 — Online Edition, s.v. "providence," http://webstersdictionary1828.com/Dictionary/providence.

simples figura de linguagem, como costumava fazer nas encostas das colinas da Galileia, muito tempo atrás:

Vejam os passarinhos que voam pelo céu: eles não semeiam, não colhem, nem guardam comida em depósitos. No entanto, o Pai de vocês, que está no céu, dá de comer a eles. Será que vocês não valem muito mais do que os passarinhos? E nenhum de vocês pode encompridar a sua vida, por mais que se preocupe com isso. E por que vocês se preocupam com roupas? Vejam como crescem as flores do campo: elas não trabalham, nem fazem roupas para si mesmas. Mas eu afirmo a vocês que nem mesmo Salomão, sendo tão rico, usava roupas tão bonitas como essas flores (Mt 6.26-29).

Aves. Flores silvestres. Seres humanos. Em Sua Providência, Deus sustenta, veste e cuida de toda a Sua criação.

Nossa casa a sudoeste de Michigan está "na primeira fileira" de uma incrível variedade de vida selvagem. Quase quatro anos antes da publicação deste livro, eu (Robert) me tornei um observador das aves. Existem milhares de aves na nossa vizinhança, indo desde pequenos pintassilgos até falcões, garças e águias. Vibro ao ver essas criaturas incríveis do outro lado da minha janela. Todos os dias pela manhã, bem cedinho, mesmo no auge do inverno, por mais alta que esteja a neve, você me encontrará caminhando para encher os comedouros de pássaros, só para garantir que os nossos amiguinhos emplumados tomem seu café da manhã.

Mas e se eu não fizesse isso? Os pássaros passariam fome? E quem alimenta aqueles pássaros que não vão ao nosso comedouro? Quem cuida deles quando estou fora da cidade? A verdade é que nenhuma dessas criaturas aladas precisa de mim para sobreviver!

É isso mesmo. O nosso bom, sábio e soberano Deus cuida e supre as necessidades até da menor de Suas criaturas. Isso acontece a cada novo dia. Isso não significa que elas nunca tenham problemas ou que nunca se machuquem. O próprio Jesus nos assegurou que mesmo as mais comuns das aves, os pardais, não cairiam nem morreriam *"se o Pai de vocês não deixar que isso aconteça* (Mt 10.29). Até os pássaros vivem sob a Providência do Pai.

———✧———

E há também as flores.

Na primeira primavera depois do nosso casamento, recebi uma ligação de Nancy.

— Querido, precisamos nos apressar — disse ela.

— O que houve? — perguntei.

— Os *trilliums* estão florescendo — ela explicou. — E eles durarão apenas alguns dias.

Sem ter a menor ideia do que era um *trillium*, fiz o possível para ser um marido dedicado e agi como se aquilo também fosse importante para mim. Então, a acompanhei.

Eu não estava preparado para ver o que vi: centenas de milhares de pequenas e delicadas flores brancas (*trilliums*) atapetando uma área arborizada a poucos quilômetros da nossa casa. Caminhávamos de mãos dadas por um caminho estreito e sinuoso, enquanto eu sorvia a beleza que me levava a adorar o Criador daquele banquete visual — que Ele criara para Seu próprio prazer, e também para o nosso. Quando Jesus quis ajudar as pessoas a entenderem e confiarem na Providência de Deus, lembrou-as de que o Pai fazia um ótimo trabalho ao alimentar os pássaros e vestir as flores. E o que isso significa? Isso significa que você tem um Deus que Se importa profundamente com você e que atenderá às suas necessidades. Ele não fica somente observando os pássaros comerem, ou fotografando flores brancas. Ele está pessoalmente envolvido com a sua alimentação e com as suas roupas. E o que Ele faz por eles, também fará por você.

Mas a Providência de Deus é mais do que isso. O termo "Providência" também se refere à sabedoria e à soberania de Deus sobre todos os detalhes de Sua criação.

Bom... Esse é, conhecidamente, um assunto que pode suscitar discussões entusiasmadas. Existem, basicamente, duas opções.

Ou...

1. Deus soberanamente causa e/ou permite que tudo aconteça na nossa vida e neste mundo.

Ou...

2. Deus permanece estático e observa passivamente e sem poder, sem vontade ou sem capacidade de interferir no que acontece.

Então, logo de início, vamos deixar claro que *nós escolhemos a primeira opção*.

Onde estaríamos se não soubéssemos que "Ele tem o mundo todo em Suas mãos" e que cada detalhe da nossa vida é ordenado pelo nosso onipotente, onisciente e amoroso Deus?

Onde estaríamos se não soubéssemos que "Ele tem o mundo todo em Suas mãos" e que cada detalhe da nossa vida é ordenado pelo nosso onipotente, onisciente e amoroso Deus? Longe de ser um fardo esmagador que tenhamos de suportar, e que diminui o nosso valor, a Providência divina é um grande e precioso presente. Sermos vítimas indefesas do acaso, jogados de um lado para o outro em meio às tempestades da vida, isso, sim, seria perturbador e trágico. Graças a Deus não é assim.

Como o pastor Charlie Dates tuitou recentemente, após passar por um voo turbulento:

> Fico sempre impressionado como, em um voo turbulento, a voz do piloto é calma e segura ao comunicar-se com os passageiros. O que nos deixa nervosos não parece afetá-los. É muito bom ter em nossa vida um comandante que pode nos assegurar uma chegada segura quando a vida é turbulenta.[3]

---

[3] Dates, Charlie (@CharlieDates), "Fico sempre impressionado como, em um voo turbulento, a voz do piloto é calma e segura ao comunicar-se com os passageiros…" Twitter, 9 de janeiro de 2019, https://www.twipu.com/CharlieDates/tweet/1083043266407292934.

O livro de Êxodo, no Antigo Testamento, possui muitos trechos sobre a Providência de Deus. Um dos mais dramáticos registra quando os israelitas foram finalmente libertados de seus opressores egípcios. Eles estavam fugindo para o leste, mas depararam com um grande problema. Chegaram ao mar Vermelho, o qual não podia ser atravessado nem contornado, e eles não tinham barcos nem coletes salva-vidas. Além disso, um exército feroz os perseguia, brandindo espadas e cheio de hostilidade.

Nas horas seguintes, a Providência de Deus mostrou-se tão intensa que fez com que a alimentação dos pássaros e a vestimenta das flores parecessem brincadeira de criança. No entanto, Seu próprio povo não acreditava que isso pudesse acontecer. Apesar de eles terem sido testemunhas da inexorável fidelidade de Deus até aquele momento, vendo Javé realizar um milagre espetacular após o outro em seu favor, eles temeram por sua vida e deram sua resposta padrão, a que viria futuramente a caracterizá-los: a reclamação. *E disseram a Moisés: — Será que não havia sepulturas no Egito? Por que você nos trouxe para morrermos aqui no deserto? Veja só o que você fez, nos tirando do Egito! O que foi que lhe dissemos no Egito? Pedimos que nos deixasse em paz, trabalhando como escravos para os egípcios. Pois é melhor ser escravo dos egípcios do que morrer aqui no deserto!* (Êx 14.11,12).

Porém, o destemido Moisés tinha outros planos! Ele confiava em Deus. Demonstrando ser o homem certo para aquela missão, anunciou à multidão inquieta e temerosa:

Não tenham medo. Fiquem firmes e vocês verão que
o Senhor vai salvá-los hoje. Nunca mais vocês vão
ver esses egípcios. Vocês não terão de fazer nada:
o Senhor lutará por vocês (Êx 14.13,14).

Então, Ele apareceu. Deus não apenas abriu um caminho através da água e afogou o exército perseguidor, mas também guiou o grupo dos confusos israelitas pelo deserto, fornecendo-lhes alimento, água, proteção e tudo mais, até que eles finalmente chegaram à terra que Ele lhes havia prometido.

Ver Deus alimentar nossos pássaros ou contemplar a "vestimenta" das pequenas flores silvestres espalhadas pela floresta se tornam vislumbres de Seu poder.

O nosso Pai celestial examina as nossas circunstâncias, as nossas preocupações e os nossos medos, e diz: "Coragem, meus filhos. Eu estou cuidando de vocês".

Uma amiga nossa tem atravessado algumas circunstâncias terrivelmente confusas e dolorosas que se resumem, principalmente, nas consequências dos pecados de outras pessoas. Em uma recente troca de mensagens, eu (Nancy) escrevi para ela, dizendo:

> Quando as coisas parecem estar desmoronando, é natural "surtar", ficar com a respiração ofegante, ceder ao medo, à raiva ou ao desespero, ou mesmo tentar acabar com os problemas e tirá-los da sua vida. Mas esse momento faz parte de uma História maior que Deus está escrevendo em e através de você. Lembre-se do mar Vermelho. Fique parada. Veja a salvação do Senhor.

Geralmente, podemos enxergar melhor a Providência de Deus quando olhamos para trás.

O nosso Pai celestial examina as nossas circunstâncias, as nossas preocupações e os nossos medos, e diz: "Coragem, meus filhos. Eu estou cuidando de vocês".

Há uma máxima que diz que a imagem vista por um espelho retrovisor é mais nítida. Olhar para trás muitas vezes nos oferece uma imagem mais precisa de onde estivemos e de suas implicações. Isso não significa que todos os olhares retrospectivos nos mostrarão tudo o que há para ver — pelo menos não nesta vida. Precisamos ter olhos que enxerguem, e isso pode levar tempo e oração. Mas, se continuarmos a refletir sobre onde estivemos e olharmos com os olhos da fé, a visão do espelho retrovisor muitas vezes entrará em foco e alcançaremos uma visão mais clara de como Deus tem trabalhado na nossa vida.

A visão que obtemos através do para-brisa dianteiro é outra história. Podemos pensar que sabemos para onde estamos indo, apenas para descobrir que, frequentemente, não tínhamos a mínima ideia a respeito. A realidade pode simplesmente não ser o que tínhamos imaginado ou antecipado.

O que vemos olhando para o futuro é a nossa história — as nossas circunstâncias vistas da nossa finita e limitada perspectiva.

O que vemos quando olhamos para trás é a História de Deus — o que Ele vê, sabe e tem em mente, e como Ele está sempre trabalhando para o nosso bem e para a Sua glória.

———❧———

Deus está escrevendo uma História — a História da redenção. Ela é maior e superior a qualquer outra coisa que possamos imaginar. Aqui estão alguns itens importantes dos quais precisamos nos lembrar com frequência sobre Sua História e como ela se relaciona com a história que Ele está escrevendo em e através de cada um de nós:

1. **Nossas histórias individuais fazem parte de uma História muito maior.** Às vezes, temos mágoa, perda, decepção e desejos não realizados. Mas Ele está transformando tudo isso em uma História que nos fará perder o fôlego de admiração e adoração quando chegarmos ao fim.

2. **Em última análise, essa História não é sobre nós, mas sobre Deus.** Somos coadjuvantes em Sua História. Não somos os astros nem as estrelas. Ele é!

3. **A perspectiva faz toda a diferença.** Deus vê o começo, o fim e tudo mais; nós só vemos este momento presente. Na linguagem de um contador de histórias, o ponto de vista de Deus é onisciente, enquanto o nosso é limitado ao que podemos perceber da perspectiva terrena. Ele tem uma lente grande angular e vê todo o mural que está sendo pintando em toda a história. Nós vemos apenas uma pequena réstia do tempo e do espaço que ocupamos neste momento.

4. **Deus trabalha de maneiras inesperadas e inexplicáveis para realizar Seus propósitos.** Não devemos esperar que Ele escreva nossa história da maneira que faríamos.

5. **Deus soberana e intencionalmente ordena e orquestra as circunstâncias da nossa vida.** Não existe acaso ou imprevisto. Nada O pega desprevenido. Não há nenhuma situação na sua, ou na nossa história, que Ele não conheça ou que não possa solucionar.

6. **O que vemos agora não é a história completa.** Se pudéssemos ver o que Deus vê e saber o que Ele sabe, o nosso coração estaria em paz.

7. **Podemos confiar que Ele também escreverá a história daqueles a quem amamos.** Isso não significa que não devamos ajudá-los ou apoiá-los. Mas não podemos impedir as circunstâncias adversas que deverão ser escritas na vida deles.

8. **Os desafios que enfrentamos podem fazer parte da história que Deus está escrevendo na vida de outra pessoa.** Deus quer usar a nossa história para ser um meio de Sua graça e intervenção na vida de outras pessoas — mesmo daqueles que podem ter "destruído" a nossa história.

9. **Os que nEle confiam nunca serão decepcionados.**[4] Nem todos os capítulos desta vida terão um "final feliz". Mas todos os verdadeiros filhos de Deus viverão "felizes para sempre". Podemos ter certeza disso.

---

[4]*Quem confia em mim jamais será envergonhado* (Is 49.23, *NVT*) também pode ser traduzido por *os que confiam em mim nunca ficam desiludidos* (*NTLH*).

10. **Você pode confiar em Deus para escrever a sua história...** E você pode ter certeza de que, ao final, Ele vai *endireitar* o seu enredo!

*O que vemos agora não é a história completa.
Se pudéssemos ver o que Deus vê e saber o que
Ele sabe, o nosso coração estaria em paz.*

O livro de Jó é uma impressionante história do controle de Deus sobre os eventos do nosso mundo e sobre os acontecimentos da nossa vida. O livro que leva seu nome começa com uma nítida aprovação do caráter de Jó: *Ele era bom e honesto, temia a Deus e procurava não fazer nada que fosse errado* (Jó 1.1). No entanto, esse homem que amava a Deus e odiava o pecado — um homem de família, devotado e generoso — não estava isento de passar por sofrimentos e perdas.

Pelo contrário, Deus em Sua soberania provou Jó e, mesmo não tendo nada diretamente a ver com ele, deu a Satanás permissão para afligir esse homem piedoso com perdas e sofrimentos inimagináveis. Uma série de desastres inesperados atingiu Jó, vindos de todas as direções e fazendo com que o chão despencasse sob seus pés. Sua grande riqueza desapareceu em um dia. Seus dez (!) filhos foram todos mortos no mesmo momento. Seu corpo foi coberto por feridas dilacerantes. Sua esposa (também sofrendo profundo pesar) ficou confusa e desorientada. E seus amigos se mostraram, na melhor das hipóteses, equivocados e acusadores.

No início, Jó manteve firme a confiança de que Deus é digno de ser louvado não apenas quando abençoa, mas também quando essas bênçãos são removidas e substituídas por adversidades. Porém, com o passar do tempo, essa confiança chegou a vacilar. Ao longo dos 35 capítulos de intermináveis diálogos e debates sobre o problema do sofrimento, as inspiradoras afirmações de fé ditas por Jó foram intercaladas por explosões angustiadas de questionamentos e desespero. E, durante todo aquele tempo, Deus permaneceu em silêncio. Por mais que Jó e seus bem-intencionados amigos tentassem elucubrar em torno do que estava ocorrendo, eles simplesmente não sabiam nem o que não sabiam!

Finalmente, o soberano Deus Se manifestou e, dirigindo-Se ao Seu angustiado servo, falou: "Você me crivou de perguntas", disse-lhe o Senhor. "Agora, eu tenho algumas perguntas para lhe fazer!"

Prepare-se como simples homem; vou fazer perguntas a você, e você me responderá. (Jó 38.3, NVI)

E para começar...

Onde é que você estava quando criei o mundo? Se você é tão inteligente, explique isso (Jó 38.4).

Então, pelos quatro próximos capítulos, Deus continua a interrogá-lo. De um ponto indiscutível para outro, Ele lembrou Jó de Seu currículo como o Senhor de toda a criação. Ele revelou Sua grandeza, Seu poder, Seu controle providencial e Seu cuidado com o universo. Jó interrompeu apenas uma vez — para reconhecer que estava fora de seu alcance entender ou desafiar a Deus:

> *Eu não valho nada; que posso responder?*
> *Prefiro ficar calado* (Jó 40.4).

Finalmente, ao ouvir Deus, Jó responde com resignação, confissão, humildade e notória admiração:

> *Eu reconheço que para ti nada é impossível e que*
> *nenhum dos teus planos pode ser impedido. Tu me*
> *perguntaste como me atrevi a pôr em dúvida a tua*
> *sabedoria, visto que sou tão ignorante. É que falei*
> *de coisas que eu não compreendia, coisas que eram*
> *maravilhosas demais para mim e que eu não podia*
> *entender. Tu me mandaste escutar o que estavas dizendo*
> *e responder às tuas perguntas. Antes eu te conhecia*
> *só por ouvir falar, mas agora eu te vejo com os meus*
> *próprios olhos. Por isso, estou envergonhado de tudo*
> *o que disse e me arrependo, sentado aqui no chão,*
> *num monte de cinzas* (Jó 42.2-6).

Em outras palavras, "Senhor, Tu venceste. Tu és bom. Tu és fiel. Confio em ti para reescrever a minha história!"

A sua história provavelmente não é tão dramática quanto a de Jó, mas os seus problemas e a sua dor não são menos reais. Talvez, neste exato momento, você não consiga enxergar os propósitos ou o plano de Deus para a sua vida. Porém, pela Sua graça, você pode descansar em Sua Providência! Confie nisso!

Ele é bom. Ele é fiel. E você pode confiar nEle para escrever sua história.

2

Escolhida

A HISTÓRIA DE ESTER

Assim como um diamante brilha mais
intensamente quando posto sobre um fundo
escuro, a glória de Deus se mostra mais
brilhante quando há reveses divinos.[1]

Tony Evans

Você pode se surpreender ao descobrir que um dos livros da
Bíblia que mais evidencia a Providência de Deus não cita o
nome de Deus. O livro de Ester, no Antigo Testamento, é um
dos dois únicos livros bíblicos que não faz referência a Deus
(o outro é Cântico dos Cânticos). No entanto, toda a História
de Ester traz a inconfundível marca de Sua presença e ação.
Acha-se ali apenas uma pequena parte da ampla História de
Deus, que engloba tempo, espaço e eternidade, dando-nos
também um vislumbre dessa grandiosa História.

---

[1]EVANS, Tony. *Pathways: from providence to purpose.* Nashville: B&H, 2019,
p. 166.

Este é um relato de como Deus interveio sobrenaturalmente para livrar Seu povo escolhido do extermínio, por meio da intermediação corajosa de uma órfã judia que se tornou rainha. Uma moça chamada Ester.

O versículo com que esse livro se inicia diz que esses eventos aconteceram *no terceiro ano do reinado do rei Xerxes* (Et 1.1, *NBV*). Esse rei persa governou sobre um império global *que se estendia da Índia até a Etiópia* (Et 1.1, *NBV*).

Possuindo poder absoluto e sem limites, esse monarca garantia sua autoridade por meio de decretos reais irrevogáveis. Ele exibia sua riqueza com demonstrações intimidadoras de ostentação e um estilo de vida extravagante. De fato, a história começa com Xerxes em meio a uma festança de seis meses que ele promoveu para si mesmo, regada a muita bebida. Que sujeito! Dá para imaginar algo assim?

Em meio às festividades, o rei decidiu exibir Vasti, sua esposa e troféu, para os amigos bêbados. Não disposta a ser usada dessa forma, ela se recusou a comparecer. Então, o brutal imperador, irritado com a recusa, depôs sumariamente sua rainha.

Ele era o rei. Ele era poderoso. Mesmo tendo uma posição na realeza que muitas poderiam invejar, no fim das contas a rainha era apenas um peão para ser posto e substituído como o rei quisesse. Como muitas mulheres de sua época (e ainda hoje em algumas partes do mundo), ela era impotente para controlar seu próprio destino. Estava sujeita às convenções de sua cultura e aos caprichos de seu marido e rei ditatorial, beberrão, irritadiço e sedento de poder.

Esse é o contexto em que Ester seria inserida. Humanamente falando, ela não teria mais controle sobre o próprio futuro do que Vasti teve.

Entretanto, aqui na terra, nem sempre as coisas são como parecem ser. *O céu está no controle.* Uma mão invisível controla aqueles que pensam exercer o poder definitivo. Reis e reinos, leis e decretos — estão todos sujeitos Àquele que se assenta no trono e reina sobre todos. Nenhum ser humano é suficientemente poderoso para impedir os planos de Deus.

Com o trono da rainha vazio, Xerxes decide substituí-la realizando um tipo de concurso de beleza. Em vez de desfilarem na passarela e responderem ao vivo a perguntas sobre a paz mundial na TV, as concorrentes deveriam, uma de cada vez, passar uma noite com ele, e *a moça que mais agrada*[sse] *o rei se tornar*[ia] *rainha em lugar de Vasti* (2.4, NVT).

Que terrível era esse sistema que tratava as mulheres como propriedade pessoal para os propósitos e prazeres de um governante poderoso! Xerxes deu ordens para que *as mais lindas virgens do reino* (v. 3) fossem reunidas, colocadas sob a supervisão do *eunuco responsável pelo harém real* e adotadas as preparações de beleza necessárias a fim de prepará-las para o *test-drive*. Algumas delas podem ter considerado esse processo uma grande honra, mas o fato é que elas não tinham mesmo nenhuma escolha. Sem nenhuma autonomia, seriam usadas para o prazer de outra pessoa e descartadas caso não correspondessem à sua avaliação. Esse rei era cruel e desumano.

Onde estava Deus nisso tudo? E onde Ele está hoje quando homens depravados despersonalizam mulheres e as usam para seus propósitos lascivos?

Aqui na terra, nem sempre as coisas são como parecem ser. O CÉU ESTÁ NO CONTROLE. Uma mão invisível controla aqueles que pensam exercer o poder definitivo.

A história de Ester nos aponta para a resposta. Pois enquanto Xerxes tratava de seus negócios brutais — com a intenção de dominar o mundo, exercendo com mão de ferro controle sobre seus súditos e fazendo o que bem entendesse com quantas mulheres quisesse —, Deus estava operando para trazer julgamento sobre os ímpios e salvação para Seu povo.

Surge, então, Ester. Sua tão jovem vida já havia sido marcada pelas tragédias de ficar órfã e viver exilada da terra de Judá. Também é dito que ela era virgem e muito bonita — o que a colocou na mira do esquema maligno do rei. Ester foi "levada" ao palácio (2.8) e isolada no harém real para ser embelezada e preparada para uma noite com o rei.

Embora Ester possa ter se sentido abandonada e só, separada de tudo o que lhe era familiar, estava sendo vigiada por alguém que se importava profundamente com ela. Diariamente, Mordecai, seu único parente vivo, primo e guardião, *passeava em frente do pátio do harém para saber como Ester estava passando e o que ia acontecer com ela* (2.11).

O cuidado vigilante de Mordecai por sua prima adotiva simboliza Deus, que é protetor daqueles que Lhe pertencem. Ele está sempre alerta, *nunca dorme, nem cochila* (v. Sl 121.3,4). Quando nos achamos "aprisionados" em circunstâncias fora do nosso controle, mesmo que por nossa própria culpa, nunca estamos sós; não somos invisíveis. Podemos nos sentir como em um beco sem saída, presos, sem escapatória, sem futuro ou esperança. Entretanto, nosso "Mordecai celestial" lá está. Mesmo que muitas vezes não O vejamos, Seu cuidado é certo. Diariamente Ele "passeia" em frente a nossa casa. Ele observa o que nos acontece e "descobre" como estamos. Diferentemente de Mordecai, no entanto, Ele não é impotente para agir. Ao contrário, Ele atua nos bastidores, preparando e colocando tudo em seu lugar. Na hora certa, Ele será o meio para subverter os objetivos do nosso inimigo e cumprir o santo propósito de Deus para a nossa vida.

Diferentemente do atencioso Mordecai, o rei Xerxes era um homem indigno que usava as mulheres para satisfazer sua luxúria. Ele "testava" as mulheres por uma noite, e as que não lhe agradassem eram levadas para um harém secundário, onde passariam o resto da vida como concubinas do rei, para nunca mais serem chamadas à sua presença (ou à de qualquer outro homem).

Isso é pura maldade, é claro, mas não é inédito. Ainda hoje há mulheres que não são reconhecidas como tendo sido criadas à imagem de Deus (*imago dei*). Os detalhes podem variar, mas a tragédia continua. Por enquanto...

Chegará, porém, o dia em que todas as práticas vis em nosso mundo caído e quebrado serão eliminadas e todas as coisas serão renovadas. Enquanto isso, Deus está sempre atento aos Seus, sempre redimindo, sempre agindo para realizar os propósitos do Seu reino — à Sua maneira e no Seu tempo. Ester não foi resgatada do sistema perverso do rei. No entanto, foi cuidada por Aquele que é maior que o rei, mesmo enquanto vivia como sua prisioneira. Pela Providência de Deus, ela conquistou a simpatia — primeiramente no harém e depois diante de Xerxes. Ele gostou dela mais do que de qualquer outra moça e a fez rainha, colocando-a em uma posição única para ajudar seu povo.

Chegará o dia em que todas as práticas vis em nosso mundo caído e quebrado serão eliminadas e todas as coisas serão renovadas.

Seu Pai sabia o que estava fazendo. Ele estava escrevendo a história de Ester... e de toda uma geração dos Seus escolhidos, mesmo alheios à Sua presença e ao Seu cuidado.

Pouco depois de Ester se tornar rainha, a Providência divina deu mais um passo na trama da sua história. Mordecai ouviu sobre um plano de assassinato, contou a Ester, e ela relatou ao rei o que havia descoberto. Os culpados foram capturados e a vida do rei foi salva (2.21-23). Só que a boa ação de Mordecai não foi reconhecida (naquele momento) porque um oficial conivente e autopromovido chamado Hamã, descendente de Agague, ganhou o favor do rei (3.1).

Da mesma forma, isso acontece frequentemente na nossa vida. O serviço leal não é recompensado, enquanto pessoas más com esquemas perversos são honradas e exaltadas.

Do ponto de vista terreno, Mordecai não era uma pessoa relevante no contexto de um regime totalitário opressivo. Porém, na história que Deus estava escrevendo, Mordecai desempenhou um papel primordial. Dada a sua fidelidade e integridade, uma trama traiçoeira foi evitada, e o povo de Deus — do qual um dia viria o Salvador do mundo — foi poupado.

Mas estamos nos adiantando em nossa história.

O embate entre o bem e o mal foi se intensificando. O poder e a influência de Hamã aumentaram, e todos no reino foram obrigados a prestar-lhe reverência. Só que Mordecai recusou a se curvar perante Hamã. O texto do livro de Ester não diz exatamente o motivo, mas uma pista pode ser encontrada no fato de que Hamã foi identificado como um descendente ou parente de Agague, um inimigo declarado de Deus e de Seu povo desde os dias de Saul. Mordecai pode ter recusado curvar-se porque não estava disposto a comprometer sua identidade como judeu.[2]

Qualquer que tenha sido o motivo, a recusa de Mordecai em curvar-se enfureceu Hamã, que planejava destruir não apenas Mordecai, mas todo o povo judeu. Ele convenceu o rei Xerxes a proclamar um decreto irrevogável, de *que todos os judeus fossem mortos, sem dó nem piedade: os moços e*

---

[2]"Quem foi Hamã na Bíblia?", https://estiloadoracao.com/quem-foi--hama/. Veja também "Was Haman an Agagite", *Bible Hermeneutics Stack Exchange*, acessado em 19 de janeiro de 2019, https://hermeneutics.stackexchange.com/questions/8193/was-haman-an-agagite.

os velhos, as mulheres e as crianças (3.13). Mas nem o rei nem Hamã tinham ideia de que a bela rainha estava entre os destinados ao extermínio.

Hamã e seus capangas já haviam *lançado sortes* (Pur) — algo semelhante a jogar "cara ou coroa" ou dados — para determinar a data do genocídio, de modo que a lei foi promulgada com base naquela data-limite. Então, *o rei e Hamã se assentaram para beber* — celebrando seu plano terrível — *enquanto a confusão se espalhava pela cidade* (v. 15).

Quando os judeus de todo o reino souberam do decreto do rei, *começaram a chorar em voz alta. Eles se lamentaram, choraram e jejuaram, e muitos deles vestiram roupas feitas de pano grosseiro e se deitaram sobre cinzas* (4.3). É importante destacar esse fato, porque esses eventos ocorreram durante um período de declínio espiritual na história do povo de Deus. Às vezes, Ele usa até as más intenções de Seus adversários para levar Seu povo ao ponto de humilhação e desespero, a fim de reconhecerem que dependem dEle para sua libertação. Certamente nenhum cenário poderia ser mais terrível e mais desesperador do que o enfrentado pelo povo judeu depois de Xerxes promulgar seu decreto!

Entretanto, *o céu está no controle*. Naquele tempo, ou agora, não importa quão desesperadoras as circunstâncias pareçam, Deus está escrevendo Sua história. Reis e homens perversos podem se enfurecer e traçar seus ardis, mas não podem fazer nada que Ele não permita para Seus propósitos maiores. Quando Deus decide agir dessa forma, Ele desfaz todo o dano que Seus inimigos procurarem causar a Seu povo.

Mordecai apelou para que Ester usasse sua posição real a fim de interceder pela vida de seu povo. Infelizmente, ela não estava em condições de fazê-lo, pois o rei não a chamava à sua presença havia um mês. Comparecer diante do rei sem essa convocação a colocaria em grande risco de vida, pois qualquer pessoa que entrasse na corte íntima do rei sem ser convocado poderia ser sentenciada à morte. Mas Ester concordou em se arriscar, e isso criou a oportunidade perfeita para uma intervenção divina.

A intervenção chegou no momento exato. Deus orquestrou uma sequência de eventos, alguns deles aparentemente aleatórios e insignificantes:

- O rei não conseguia dormir.
- Para passar o tempo, ele ordenou que trouxessem um livro dos arquivos reais e que o lessem para ele.
- O livro continha o relato de Mordecai detendo um plano de assassinato contra o rei.
- Naquele exato momento, Hamã entrou, buscando obter a aprovação do rei para enforcar seu inimigo Mordecai, em uma forca enorme que ele ordenara que fosse construída para esse fim...

Que história... Não há como inventar uma coisa dessas! Agora a mesa começa a virar — tanto para Hamã, quanto para Mordecai. Hamã, que assumira que o rei iria honrá-lo acima de todos os homens, acabou sendo obrigado a honrar publicamente Mordecai, a quem detestava e cuja morte estivera arquitetando. A euforia por seu *status* privilegiado com o rei transformou-se em depressão, e sua esposa piorou as coisas ao prever (precisamente) que o marido não venceria Mordecai: — ... *você não vai ganhar de jeito nenhum. Você vai perder na certa* (6.13).

Agora o caminho estava preparado para Ester entrar na presença do rei, implorar por sua própria vida e pela vida de seu povo, e expor o homem perverso que orquestrara aquele plano sinistro. Aqui estava uma mulher vulnerável se colocando corajosamente no transcorrer do plano soberano de Deus... *numa situação como esta!* (4.14).

Hamã passou rapidamente do *status* de embriagado pelo poder e pelo vinho para o de "aterrorizado". Em uma inversão dramática, o homem que tramou e fez planos para destruir a vida daqueles que lhe resistiram, foi ele próprio destruído. De fato — ... *enforcaram Hamã na forca que ele tinha construído para enforcar Mordecai* (7.10).

—☙—

Deus defende os Seus. As palavras do salmista são verdadeiras:

Dentro de pouco tempo,
os maus desaparecerão [...]
Mas os humildes viverão
em segurança na terra prometida
e terão alegria, prosperidade e paz.
Os maus fazem planos contra os bons
e olham com ódio para eles.
O Senhor ri dos maus
porque sabe que o dia deles está chegando [...]
Porém os maus morrerão [...]
sumirão como a fumaça (Sl 37.10-13,20).

Mordecai, antes humilhado, foi agora exaltado pelo rei. Ele foi autorizado a emitir um decreto anulando o anterior, dando aos judeus permissão para se armarem e se defenderem. No mesmo dia em que deveria ocorrer o genocídio judaico, Mordecai foi grandemente honrado, promovido a oficial de segundo escalão, enquanto quem procurara destruí-lo foi humilhado, rebaixado e executado. Um dos primeiros atos oficiais de Mordecai foi instituir uma celebração anual para *comemorar com festas, alegria e presentes para os pobres este dia importante da história dos judeus. Pois eles se livraram dos seus inimigos, e sua tristeza se transformou em alegria, e o choro num dia de festa* (9.22, *NBV*).[3]

Hamã havia conspirado para esmagar e destruir os judeus (cf. v. 24). Ele até lançou sortes para determinar o dia em que tudo deveria acontecer. Porém, os eventos nesta terra nunca são determinados pelo acaso. Como escreveu o compositor de hinos do século XIX, Maltbie Babcock:

Este é o mundo do meu Pai.
Não me deixes jamais esquecer
Que, apesar do mal tão forte parecer,
O Deus soberano há de permanecer.[4]

A história de Ester revela essa verdade. Nossas histórias também podem fazer o mesmo.

O céu está no controle.

---

[3]Até hoje, a festa de Purim, cujo nome deriva do *Pur* que Hamã lançou para determinar a data do genocídio que havia planejado, é reconhecida entre os judeus como o dia em que Hamã foi enforcado e a nação judaica foi poupada.

[4]Babcock, Maltbie D. *This is my father's world* (1901), *Hymntime*, acessado em 20 de janeiro de 2019, http://www.hymntime.com/tch/htm/t/i/s/ tismyfw.htm.

3

Agraciados

A NOSSA HISTÓRIA

Uma Providência está moldando nosso futuro;
Um plano está se desenvolvendo na nossa vida;
Um Ser supremamente sábio e amoroso
Está fazendo todas as coisas
cooperarem para o nosso bem.[1]

F. B. Meyer

Nossa história, na verdade, é a saga de duas famílias, iniciando com dois casais: Samuel e Grace Wolgemuth e Arthur e Nancy DeMoss.

Ambos os casais já moravam há certo tempo na Pensilvânia.

Ambos amavam a Cristo, Sua palavra e Seu povo.

Ambos compartilhavam da paixão por levar ao mundo, como diz o antigo hino, "a velha história de Jesus e Seu amor".[2]

---

[1] Meyer, F. B. *Paul: A servant of Jesus Christ*. 1897; repr., CreateSpace, 2017, p. 23.
[2] Hankey, Katherine. *I love to tell the story* ("A velha história" — 1866), http://www.cantorcristaobatista.com.br/CantorCristao/hino/show/50.

Ambos os casais deixaram um notável legado de fé e fidelidade para suas famílias e as gerações seguintes.

Em 1948, Sam e Grace tiveram seu quarto filho, Robert David. Os gêmeos vieram sete anos depois, completando essa família de oito pessoas.

Dez anos após Robert vir ao mundo — nove meses e quatro dias após Sam e Grace se casarem, para ser exato —, Art e Nancy DeMoss davam as boas-vindas a uma filha, que recebeu o nome de sua mãe, Nancy. Nos primeiros cinco anos de casamento, Deus os abençoou com seis filhos, e o sétimo nasceu vários anos depois.

Ambos os casais entregaram sua vida e seus planos totalmente a Cristo, decididos a segui-Lo para onde quer que Ele os dirigisse. Ambos falavam aberta e frequentemente com seus filhos sobre as Escrituras, Jesus e o evangelho. Embora não se conhecessem naquela época, o Senhor, em Sua insondável sabedoria e plano, um dia iria conectar suas histórias.

Olhando agora "pelo retrovisor", podemos ver a inconfundível Providência de Deus — como Ele usou a nossa família e as nossas experiências para moldar o nosso jovem coração, dirigir o curso da nossa vida e nos preparar para uma vida de serviço... e para uma eternidade de alegria.

Ficamos maravilhados só de pensar no íntimo envolvimento de Deus em cada capítulo, cena e detalhe da nossa história.

Ficamos maravilhados só de pensar no íntimo envolvimento de Deus em cada capítulo, cena e detalhe da nossa história.

A HISTÓRIA DE ROBERT (contada por Nancy)

Na década de 1940, o pai de Robert trabalhava como vendedor de equipamentos agrícolas para a *Frick Company*, sediada na pequena cidade de Waynesboro, na Pensilvânia. Com seus trinta e poucos anos e pouca instrução teológica formal, Samuel aceitou pastorear uma congregação dos "Irmãos em Cristo", que estava diminuindo a cada dia. Isso significava pregar aos fins de semana e às noites de quarta-feira e estar à disposição, como todo ministro de cidade pequena, quando um paroquiano precisasse de atenção.

Ao seu lado sempre estava Grace Dourte Wolgemuth, a mãe de Robert, alta e elegante, uma enfermeira diplomada. De fato, Samuel sempre apresentava sua esposa fazendo um trocadilho, dizendo "ao meu lado, Grace" (a graça está ao meu lado). Samuel dependia bastante da cortesia de sua esposa com as pessoas, e quem a conhecia se encantava com seus dons de hospitalidade e a forma de cuidar de seu lar.

Posteriormente, "lady Grace" seria amada ao redor do mundo ao acompanhar Samuel em muitas de suas viagens como presidente da Mocidade para Cristo Internacional. Quando Robert falou no funeral de sua mãe em 2010, começou dizendo: "Seus pais puseram-lhe o nome de Grace [Graça]. Como eles sabiam?"

Embora não fosse especialmente extrovertido, o jovem Robert era uma criança adorável. Amava subir nas árvores de sua casa em Waynesboro e também amava (dependendo da época do ano) andar de bicicleta ou de trenó na Avenida Frick, que descia morro abaixo a partir de sua casa.

Todo domingo, Robert e seus irmãos se sentavam comportadamente na igreja, em um dos primeiros bancos, alinhados um a um, enquanto seu pai pregava. Sam Wolgemuth não era um comunicador muito dinâmico, mas sua paixão sincera pelo evangelho era evidente. A forma com que ele iniciava cada sermão ficou indelevelmente gravada na memória de Robert.

Atravessando a plataforma na frente do salão, Samuel colocava sua grande Bíblia preta e suas anotações sobre o púlpito, dava um passo para o lado e se ajoelhava. Às vezes, convidava a congregação a se unir a ele ajoelhando-se em seus bancos. Então, ele clamava ao Senhor para lhe dar sabedoria ao abrir a Palavra.

A oração não era apenas uma exibição pública para aquele pai pastor. Robert se lembra de muitas manhãs em que estava na cama em seu quarto no primeiro andar e ouvia os sons abafados de seu pai orando lá embaixo, na sala. Embora não fosse capaz de entender exatamente as palavras, esse filho sabia que nada importava mais para o pai do que buscar e receber o favor de Deus.

O exemplo de humildade e a vida de oração de seu pai marcaram profundamente a vida de Robert.

—✦—

Quando Robert tinha apenas 4 anos, ele e sua família foram assistir a *Mr. Texas*, um filme biográfico sobre a vida do cantor/compositor/ator cristão *country* Redd Harper. Enquanto Robert assistia ao filme, o Espírito de Deus tocou seu coração. Naquela noite, antes de saírem do cinema, ele se ajoelhou junto à mãe, ambos em lágrimas, e entregou a vida a Jesus — foi o começo de toda uma nova vida com repercussões eternas.

Meses depois, Sam, Grace e, na época, seus quatro filhos com idades entre 4 e 11 anos, embarcaram em um navio rumo ao Japão. Seguiram juntos para uma nova aventura, uma missão de dois anos com a Mocidade para Cristo. Robert se lembra de seus pais vendendo ou doando praticamente tudo o que possuíam antes de deixarem a casa na Pensilvânia para aceitar o chamado de Deus. Esse foi outro momento em sua formação que o marcaria para toda a vida, com a convicção de que Cristo é merecedor da nossa devoção integral, e que amá-Lo, segui-Lo e servi-Lo é o nosso maior dever e alegria.

Quando a família retornou de seu período no exterior, eles se estabeleceram em Wheaton, no estado de Illinois, para que o pai de Robert assumisse o cargo de diretor internacional da Mocidade para Cristo.

Sam e Grace desejavam que, desde cedo, os filhos desenvolvessem uma sólida ética de trabalho. Durante o ensino fundamental e o início do ensino médio (até conseguir um emprego bem remunerado a um dólar por hora), Robert tinha uma rota de entrega de jornais que o acordava antes de clarear o dia, seis dias por semana. Sentado no chão frio da garagem, ele enrolava cem cópias do *Chicago Tribune* e levava os jornais em uma cesta montada na frente de sua robusta bicicleta Schwinn, arremessando-os cuidadosamente nas varandas das casas de seus clientes.

Depois do ensino médio, Robert frequentou a *Taylor University*, uma faculdade de artes cristã na região centro-norte do estado de Indiana, como seus pais haviam feito antes dele (e outros 32 Wolgemuths, até agora).

Irremediavelmente empreendedor, Robert ajudava a custear os estudos vendendo, em seu alojamento na faculdade, camisas sociais sob medida, *corsages*[3] e diamantes importados da Ásia.

Um destaque de seus anos de faculdade foi montar em sua nova Schwinn — um modelo mais sofisticado do que a versão de entregar jornais — no verão do ano anterior à sua formatura, e pedalar cerca de 6 mil quilômetros de San Francisco até a cidade de Nova York (sem autoestradas!). Ele e outros 39 alunos formavam um grupo que se autodenominava *The wandering wheels*.[4]

O interesse de Robert pela ciência o levou a iniciar um curso de Ciências Biológicas. Durante o terceiro ano, ele sentiu um chamado para o ministério e mudou de curso, graduando-se em 1969 em Literatura Bíblica. Nos nove anos seguintes, serviu com a Mocidade para Cristo, primeiro como diretor do Clube Bíblico do ensino médio e depois como membro da revista *Campus life* [Vida no *Campus*].

O trabalho na revista foi o início de sua carreira editorial cristã, que incluiu importantes cargos de gestão em duas editoras, abrir uma nova editora com seu parceiro de negócios, escrever mais de vinte livros e iniciar em 1992 uma agência literária que hoje representa mais de duzentos autores cristãos.

Uma das maiores alegrias na vida de Robert é ensinar a Palavra de Deus — algo que ele fez semanalmente, por

---

[3] [NR] Minibuquê de flores que funciona como acessório para madrinhas e damas de honra.
[4] [NT] "Rodas Errantes". O grupo ainda existe (v. o *site* do grupo em www.wanderingwheels.org).

mais de trinta anos, como professor de Escola Dominical de adultos.

Muitas e muitas vezes, desde que ouvi seu nome pela primeira vez, por volta do ano 2000, líderes ministeriais, colegas do mundo editorial e muitos de seus familiares e amigos falaram sobre o respeito que sentem por Robert e sobre quão gratos são pela forma com que ele impactou sua vida.

A HISTÓRIA DE NANCY (contada por Robert)

Nancy Leigh (quando criança, era chamada pelos dois nomes para diferenciá-la de sua mãe, que também se chamava Nancy) sempre amou a escola. Na verdade, o que ela realmente amava era aprender. Enquanto outras crianças brincavam no balanço ou jogavam bola, Nancy muitas vezes podia ser encontrada lendo um livro. Sua primeira lembrança consciente é da noite de 14 de maio de 1963, quando, aos 4 anos, ela aceitou a Cristo como seu Salvador. Naquele dia, ela trocou tudo o que sabia de si mesma por tudo o que conhecia dEle. E não haveria retorno.

Desde aqueles primeiros anos como convertida, Nancy podia sentir a mão do Senhor em sua vida e o chamado para servi-Lo, embora nem imaginasse o que pudesse vir pela frente. Temos emoldurada em nossa sala de estar uma carta que Nancy escreveu a seus pais, aos 7 anos de idade. (Embora fosse boa em soletrar, mesmo naquela idade, ela escreveu "missonária" em vez de "missionária", nas sete vezes em que o termo aparece em sua carta original!):

Queridos mamãe e papai,
No sábado eu entendi que Deus tocou meu coração e quer que eu seja uma missionária para Ele, e foi como se Ele estivesse na minha frente.

Na hora comecei a pensar no que e em como uma missionária deveria dizer às pessoas. Eu poderia simplesmente contar a **todos** essas maravilhosas notícias. Estou muito feliz com isso. Eu sei que Deus falou comigo e me disse para ser uma missionária para **Ele**. Eu acho que ser uma missionária é a melhor coisa para **eu** fazer.

Estou muito feliz que Deus queira que **eu** seja uma missionária para **Ele**.

Espero que Deus me ajude a ser uma missionária. É como se Deus estivesse me dizendo: Vá, Nancy, vá Nancy. Você consegue. Você consegue. Seja uma missionária para mim. Vá, Nancy, vá Nancy.

Com amor,
NANCY LEIGH

P.S. Vá ao mundo todo e pregue o evangelho. É o que eu vou fazer por **Jesus**, e **somente** por Jesus o farei.

A paixão de Nancy pelo mundo cresceu durante a infância, quando muitas vezes ela acompanhava seus pais em viagens ministeriais a outros países. Seu pai empresário possuía um coração incansável pelo ministério e um grande desejo de que pessoas de todos os lugares ouvissem o evangelho. Ele desejava que sua família compartilhasse do mesmo zelo. Então, ele e sua esposa levavam os filhos consigo em "férias missionárias", quando podiam participar de vários esforços ministeriais e evangelísticos, ver de perto a desorientação das pessoas sem Cristo, e testemunhar o poder de Deus para salvar e transformar vidas. Essas viagens tiveram um impacto significativo e duradouro na vida de sua primeira filha.

Nancy Leigh não esperou até que estivesse crescida para começar a atender a seu chamado para servir ao Senhor. Aos 8 anos, ela foi convidada para ajudar sua professora das crianças da Escola Dominical e depois para ensinar na Escola Bíblica de Férias. Ela amava fazer isso. Essa jovem que tanto apreciava ouvir o ensino da Palavra descobriu que também amava estudar as Escrituras por si mesma e ensiná-las aos outros, uma paixão que não diminuiu até hoje.

Quando completou 16 anos de idade, no início do seu ano como caloura no *Philadelphia College of Bible*, Nancy recebeu uma carta de seu pai. Ele refletia sobre algumas de suas primeiras lembranças da filha mais velha:

> Mal posso acreditar que você agora está na faculdade! Ainda me lembro do seu primeiro aniversário, há apenas quinze anos, na Conferência Bíblica em Winona Lake, Indiana — certamente, uma boa forma de começar na vida!
>
> Lembro-me de quando você era bem pequena e gostava muito de ir onde houvesse algum encontro evangélico — fosse ele uma reunião de diáconos, uma missão de resgate ou uma visita ao residencial de idosos!

O pai de Nancy também declarou seu desejo de que Deus usasse a vida de Nancy como lhe aprouvesse.

> Estou cada vez mais convencido de que Deus tem algo muito especial e maravilhoso para você — e eu sei que tornará realidade, porque tudo o que você quer é conhecer e cumprir a vontade de Deus em sua vida.

Acredite, prefiro infinitamente vê-la dentro da vontade de Deus do que rica, famosa ou outra coisa qualquer! Afinal, é mesmo verdade que há...

Apenas uma vida, que logo passará,
Somente o que é feito por Cristo permanecerá.[5]

Para completar seus dois últimos anos de faculdade, Nancy se transferiu para a Universidade do Sul da Califórnia, onde se formou em piano em 1978. Durante o ensino médio e a faculdade, ela permaneceu ativamente envolvida em sua igreja, dedicando-se a ministrar às crianças e a seus pais. Após a formatura, ela fez parte da equipe de uma grande igreja no estado da Virginia, como diretora principal do ministério infantil. Ao longo desses anos, o Senhor aprofundou seu amor pelas pessoas e pelo ministério fiel do evangelho.

Na sexta-feira, 31 de agosto de 1979, a pedido de seu pai, Nancy foi para casa na Filadélfia para comemorar seu 21º aniversário com sua família. Voltando para casa do jantar naquela noite, Nancy se lembra de seu pai ter dito a um amigo que estava com eles: "Talvez esse grupo nunca mais se reúna."

---

[5]Essas frases são parte de um poema escrito pelo missionário inglês C. T. Studd (1860–1931). O poema é de domínio púbico e pode ser encontrado na íntegra em MERWE, Joshua Van Der. *Only one life: a poem* by C. T. Studd, *With one aim* (blog), acessado em 19 de janeiro de 2019, https://joshuavandermerwe.wordpress.com/2014/01/23/only-one-life-a-poem-by-c-t-studd/.

Na manhã seguinte, 1º de setembro, Art e Nancy DeMoss levaram a filha mais velha ao aeroporto para sua viagem de volta ao estado da Virginia. Seu pai vestia o uniforme de tênis para um jogo de duplas que havia marcado com outros três homens a quem ele havia discipulado.

Duas horas depois, quando seu avião pousou, um amigo foi encontrá-la dizendo que sua mãe estava tentando entrar em contato com ela.

— Papai está no céu — disse-lhe sua mãe, agora viúva, quando as duas conseguiram se falar. Ele morreu de ataque cardíaco na quadra de tênis — *ausente do corpo e presente com o Senhor* (2Co 5.8, TB). Atordoada com a notícia, Nancy rapidamente embarcou em outro avião para se reunir à família.

Hoje, refletindo sobre a vida e o legado de seu pai, Nancy diz: "Ele foi uma ilustração viva dos princípios que nos ensinou", inclusive o de dedicar, diariamente, a primeira hora do dia ao Senhor, lendo a Bíblia e orando, um hábito que deixou uma marca duradoura no coração de sua filha.

Ao longo dos anos seguintes, Deus agraciou essa talentosa mulher solteira com uma carreira vibrante e frutífera no ministério. Em 1980, ela deixou o ministério da igreja local e começou a viajar pelos Estados Unidos com o *Life Action Ministries* [Ministério Vida em Ação], uma organização que busca iniciar movimentos de reavivamento centrados em Cristo no meio do povo de Deus. Então, a partir de 2000, o Senhor abriu oportunidades para Nancy se tornar uma autora e a fundadora do *Revive Our Hearts*

[Aviva Nossos Corações], que se tornou um ministério global para mulheres sob a coordenação do *Life Action*. O programa de ensino de Nancy, que é transmitido todos os dias da semana via *podcast* e *Internet* — além de mais de mil estações de rádio —, foi lançado como sucessor do programa de rádio *Gateway to Joy* [Portal para a Alegria], de Elisabeth Elliot.

No início de 2015, Nancy disse a seus amigos mais chegados que estava atravessando uma boa fase de vida. Ela adorava se dedicar de todo o coração a servir a Deus e aos outros, e estava grata a Deus pela história que Ele havia escrito para sua vida até então. E, diga-se de passagem, ela não estava procurando um marido.

A NOSSA HISTÓRIA

Nós dois fomos abençoados com o exemplo de pais cujos casamentos, embora imperfeitos, eram sólidos. Esse foi um presente valioso da graça de Deus para cada um de nós.

Mesmo Nancy sendo uma grande defensora do casamento, e ainda que grande parte de seu ministério fosse com mulheres casadas, por muitos anos ela sentiu o chamado de servir ao Senhor como uma mulher solteira. Embora muitos pensassem que isso fosse um fardo, ela realmente considerava uma bênção.

Por outro lado, eu (Robert) não tinha dúvidas quando jovem de que algum dia me casaria. E, quando conheci uma mulher bonita, extrovertida e talentosa chamada Bobbie Gardner, tive certeza de que ela era a pessoa certa. Em março de 1970, nós nos casamos em Arlington, Virginia. A nossa filha Missy nasceu em setembro de 1971 e, três anos depois, veio a Julie.

Bobbie e eu compartilhamos a vida juntos por quase 45 anos. É claro que tivemos momentos difíceis. Mas esses foram anos encantadores, abençoados com muito crescimento e graça. Então, em Sua Providência, o Senhor chamou Bobbie para Si, depois de uma corajosa batalha de trinta meses contra um câncer de ovário.

Ciente da evolução agressiva do câncer e sabendo que lhe restavam poucos dias de vida, Bobbie deixou claro para a família e os amigos que desejava que eu me casasse novamente. E, algumas semanas antes de morrer em 2014, em duas conversas diferentes, ela disse a duas amigas: "Gostaria que Robert se casasse com Nancy Leigh DeMoss".

Mas ela nunca me disse isso.

Nancy e eu nos conhecíamos profissionalmente há vários anos. Eu a representei como agente literário de 2003 a 2005. Ela e Bobbie se conheciam e compartilhavam um amor mútuo pelo Senhor, pelos hinos, pelo ministério com as mulheres e muito mais. Nancy chegou a nos entrevistar, junto com uma das nossas filhas e o nosso neto mais velho, em seu programa de rádio, quando falamos sobre cantar hinos em família.

Pouco tempo depois que Bobbie foi diagnosticada com câncer, Nancy estava falando em uma conferência na Flórida, onde morávamos, e reservou um tempo para visitar Bobbie em nossa casa. Então, Bobbie viu a compaixão de Nancy e sentiu que Nancy seria uma companheira adequada para mim quando ela se fosse. Que sensibilidade!

Embora eu não soubesse que Bobbie pensasse assim, enquanto eu atravessava os difíceis meses após sua morte, às vezes me achava pensando em Nancy. Finalmente, ela e eu começamos a nos corresponder, o que se transformou em uma amizade cada vez mais profunda e, posteriormente, em um namoro.

Nós dois tínhamos muito com que lidar naquele período — minha tristeza por perder Bobbie, o chamado de Nancy como mulher solteira, as nossas carreiras e ministérios separados, até a distância geográfica entre nós. Entretanto, depois de muita oração, conversas e conselhos de alguns amigos de confiança, nós dois sentimos que deveríamos começar a namorar. E, dois meses depois, as duas mulheres com quem Bobbie havia conversado vieram me contar o que Bobbie havia dito — que era exatamente isso que ela esperava que acontecesse após sua morte.

Ficava cada vez mais claro que o Senhor estava escrevendo um novo capítulo na minha vida e na vida de Nancy.

Essa era uma história que eu (Nancy) nunca imaginei para mim. Mas o Senhor começou a "despertar o amor" no coração dessa mulher de 57 anos. Enquanto eu buscava sinceramente Sua direção, havia uma sensação crescente, que se transformou em uma certeza firme de que Ele estava redirecionando a minha vida e confiando-me um presente diferente — o presente do casamento. Este seria um novo caminho para experimentar e compartilhar a história de Seu amor incondicional e redentor.

Em uma perfeita manhã de sábado no mês de maio, Robert apareceu na minha casa segurando um grande buquê de rosas. Depois de compartilhar alguns textos bíblicos e orar, ele se ajoelhou diante do sofá onde eu me sentava e me pediu oficialmente em casamento. Minha resposta foi um simples: "Sim... de todo o meu coração".

Então, em 14 de novembro de 2015, diante de uma congregação de mais de quinhentos amigos (e dezenas de milhares mais que participaram pela Internet), declaramos nossos votos e nos casamos. O dr. Bill Hogan, de 80 anos, a quem eu conhecia desde a infância, que fora meu pastor durante o ensino médio e parte dos meus anos de faculdade, e de quem herdei profundo amor pela pregação bíblica expositiva, celebrou o casamento. A capa do programa (de 28 páginas!) dizia:

Uma celebração de casamento:
Um retrato do amor redentor e fiel de Deus.

Destacar esse fato, contar essa história, é o objetivo e a paixão da nossa vida — tanto individualmente quanto como casal.

Os primeiros anos do nosso casamento envolveram muitos ajustes para nós dois — mais como um terremoto para Nancy, que nunca havia sido casada. Experimentamos as alegrias e os desafios de tecer duas vidas juntos, aprendendo a amar e a servir bem um ao outro, confiando em nosso Pai amoroso, que está escrevendo um roteiro que nenhum de nós poderia imaginar.

O ministério de Nancy produziu um pequeno vídeo sobre o nosso namoro e casamento. Eles o chamaram de "Graça inesperada: a história de Nancy e Robert".⁶ E é assim que descreveríamos toda a nossa história — através de muitas reviravoltas surpreendentes, desde a nossa infância até o momento em que nos encontramos agora.

Nunca deixamos de nos surpreender com a maravilhosa graça que Deus tem derramado sobre nós dia após dia, ano após ano — nos resgatando, redimindo, perdoando, abençoando, renovando, restaurando, amparando, curando, conduzindo, encorajando, fortalecendo, santificando, transformando e muito mais.

Percebemos que, de muitas maneiras, a nossa história é incomum. Temos recebido uma herança piedosa e inúmeras outras bênçãos que não merecemos e pelas quais não podemos levar o crédito. Embora o sofrimento tenha sido parte do nosso caminho, até agora fomos poupados de muitas adversidades que outros tiveram de suportar. Não somos mais espirituais ou merecedores do que eles.

Somente Ele sabe plenamente por que faz o que faz. Mas sabemos que tudo é proposital, bom e para a nossa alegria final.

⁶*Unexpected Grace: Nancy and Robert's Story*, Revive Our Hearts, 2015, vídeo, 16:01, https://www.reviveourhearts.com/about/nancy-demoss-wolgemuth/nancy-and-robert/.

Mas, no final das contas, é inútil e fútil comparar histórias. Deus é soberano. Seus caminhos são insondáveis e inescrutáveis. Somente Ele sabe plenamente por que faz o que faz. Mas sabemos que tudo é proposital, bom e para a nossa alegria final. Essa é a essência deste livro. No momento em que nós (Robert e Nancy) estamos hoje, não temos ideia do que o futuro nos trará. A nossa história ainda está sendo escrita, e Ele não nos deu nenhuma pista de como serão os próximos capítulos. No entanto, nossa confiança está nAquele que guarda nosso futuro — o *autor e consumador da nossa fé* (Hb 12.2, NBV). Isso nos dá liberdade e paz, mesmo quando não podemos ver o que está por vir.

Ao ouvirmos algumas das histórias sofridas que os nossos amigos compartilharam conosco para este livro, não podemos imaginar que caminhos acidentados ainda teremos pela frente. (Sabemos que é impossível nos tornarmos como Jesus, a não ser através de testes e provações.) Pode ser que enfrentemos sérios problemas de saúde, percamos um ao outro para a morte e/ou enfrentemos outras crises que somente Ele conhece.

Deus tem sido fiel em cada capítulo até agora. E sabemos que Ele será fiel em cada um ainda por vir, que Sua graça será suficiente em qualquer situação para a qual Ele nos leve. [...] Acima de tudo, o nosso desejo é que a nossa vida exiba a beleza e a bondade da Sua história.

Porém, sabemos que Deus tem sido fiel em cada capítulo até agora. E sabemos que Ele será fiel em cada um ainda por vir, que Sua graça será suficiente em qualquer situação para a qual Ele nos leve. Não queremos dizer como Ele deve escrever a nossa história; confiamos nEle para escrevê-la por nós. Nosso objetivo não é obter fama nem um ministério ou reputação para nós mesmos, mas obter mais dEle e terminarmos a corrida na qual Ele nos conduz.

Acima de tudo, o nosso desejo é que a nossa vida exiba a beleza e a bondade da Sua história.

4

Você pode confiar em Deus quando o seu casamento está em crise

Experimentamos muito pouco da alegria que nos sustém no sofrimento e muito pouco da esperança que nos mantém firmes em meio a sonhos despedaçados, quando chegamos a Deus buscando o caminho para sair dos problemas em vez de buscar o caminho para entrar em Sua presença.[1]

Larry Crabb

Todo casamento começa com esperanças e sonhos. Entretanto, quando essas esperanças são destruídas e os sonhos são pulverizados em razão de rejeição, traição ou negligência, pode ser dolorosamente difícil confiar no amor e no cuidado providenciais de Deus. Se isso acontece com você, ou com alguém a quem você ama, as histórias a

---

[1] CRABB, Larry. *The pressure's off: there's a new way to live*, 1ª ed. (Colorado Springs: WaterBrook, 2002), 76.

seguir podem servir de encorajamento e lembrança de que Deus é fiel e amoroso, a despeito de seus relacionamentos mais próximos.

Carla e Michael estão casados há mais de quarenta anos. Quando eles se conheceram, Carla estava certa de que Michael, um homem de muitos recursos financeiros, era sua passagem para a felicidade. Porém, não foi isso que aconteceu. De fato, Carla e Michael se separaram três vezes. Duas dessas ocasiões se deveram aos vícios de Michael e ao abuso de bebidas.

Durante sua segunda separação, nos anos 1980, Carla e Michael vieram a conhecer Jesus. Entretanto, a luta contínua de Michael com a bebida seguiu perturbando seu casamento. Assim, quatro meses antes do 41º aniversário de casamento, eles se separaram pela terceira vez. O coração de Carla estava partido: "Tenho quase 65 anos", disse ela. "Não sei se consigo passar por isso de novo!" Dez anos antes, Carla havia implorado a Michael que parasse de beber.

Nesses dez anos, ele mentiu para ela, bebendo às escondidas, divertindo-se em segredo, perdendo os principais eventos da vida e da família, e adoecendo frequentemente por causa do excesso de álcool. Para todos os fins práticos, Michael havia se desligado de sua vida e do seu casamento. Carla não acreditava em nada do que ele dizia ou fazia. Ela, então, aprendeu a viver sozinha e a fazer seu próprio planejamento de vida. Não havia mais o "nós" em seu casamento. A disfunção e a mágoa que se instalaram em sua vida fizeram de Carla uma "pessoa controladora", como dito por ela mesma. "Foi uma luta continuar confiando em que Deus ainda poderia trabalhar na nossa vida e no nosso casamento." Ela, então, se apegou à verdade expressa pelo autor Jerry Bridges: "Como o amor dEle não pode falhar, Ele permite na nossa vida o tipo de sofrimentos que são para o nosso bem".[2] E, à medida que ela se apegava à Palavra de Deus, dia após dia, seu coração era encorajado por Suas promessas. Ela recorda:

> Fiz uma lista com esses versículos e passei a carregá-la comigo. Eu a apertava contra o meu coração, memorizava os versículos e confiava que Deus iria fazer o que dizia em Sua Palavra. Comecei a confiar nEle pelo que Ele é em vez de esperar um resultado específico, como a sobriedade do meu marido ou um casamento restaurado.

Carla pediu ao Senhor que a ajudasse a desejá-Lo acima de tudo, mais ainda do que ela ansiava pela restauração do marido, que permanecia em tratamento quando as festas de Natal começaram.

Eles continuaram separados durante os festejos de fim de ano e também em seu aniversário de 65 anos. Ela chorava todos os dias, e ondas de profunda tristeza a inundavam. Havia momentos em que ela ficava desesperada e insegura quanto ao futuro. Carla gastou um tempo refletindo sobre os 40 anos de casamento — muitas lutas, dificuldades, esperanças e desejos frustrados, mas também muitos momentos maravilhosos. Depois que o marido passou três meses em uma clínica de reabilitação, ela e Michael começaram

---

[2]BRIDGES, Jerry. *31 days toward trusting God* (Carol Stream, IL: NavPress/ Tyndale House, 2013), 50 (11º dia).

a ser aconselhados por um profissional cristão. Ela orava constantemente.

Durante esse processo, seu coração continuou a se abrandar em relação ao marido, e ela aprendeu a viver um dia de cada vez, confiando em Deus para todos os seus amanhãs. Certa vez ela me escreveu:

> Coloquei minha situação diante do Senhor e,
> sabendo que sou Sua filha, orei: "Ó Senhor,
> és a favor do casamento. Essa situação está
> fora do meu alcance. Eu a entrego a Ti, para
> fazeres o que somente Tu podes fazer, para
> que sejas glorificado" (v. 2Rs 19.15-19).

Nos momentos mais difíceis, ela experimentou a proximidade e a bondade do Senhor:

> Sinto-me profundamente emocionada pelo cuidado e carinho de Deus por mim, porque Ele atende a todas as minhas necessidades; Ele promete nunca me deixar ou me abandonar (Dt 31.6). Ele me chama pelo nome e diz que sou santa e muito amada aos Seus olhos (Cl 3.12). Ele diz que estou segura nEle, independentemente das circunstâncias. Deus é a minha grande recompensa (Gn 15.1), porque o amor dEle satisfaz as minhas mais profundas necessidades.

Durante uma separação de quase um ano, houve dias dolorosamente difíceis, mas também houve alguns dias muito agradáveis — do tipo que ela havia desistido de esperar. Ao longo dessa jornada, ela compartilhou comigo os seguintes testemunhos:

Durante esse período o Senhor, com sua graça, me aproximou dEle mais do que nunca. Eu O louvo pelo sofrimento e pelas áreas de minha vida que necessitam de arrependimento, as quais Ele continua a me revelar.

Suas misericórdias se renovam cada manhã (Lm 3.23, NVT)! Ele é o *resgatador* e *restaurador* (Rt 4.14,15, NVT; Is 58.12, NVT). Apenas Ele é digno de escrever a minha história.

Estou tentando deixar de ser aquela "pessoa controladora!", ela acrescentou. E, depois dessa frase, incluiu um *emoji* sorridente.

Após um ano de sobriedade, Michael voltou para casa. Recentemente, Carla me mandou uma mensagem encorajadora:

Amanhã será nosso 42º aniversário de casamento — e tem sido ótimo! Estamos juntos pela graça de Deus. É um novo casamento. Está melhor do que nunca. Sinceramente, eu não achava que seria possível ter esse tipo de relacionamento com Michael. Continuo impressionada com Deus e com meu marido, que está "novinho em folha". O Senhor me levou a uma tranquilidade e paz que eu nunca havia experimentado (Ef 3.20).

A história de Michael e Carla ainda está sendo escrita — assim como a nossa e a sua. Haverá mais provas e desafios pela frente, pois a vida e o casamento deles estão sendo moldados para se parecerem mais com Jesus, mas eles experimentaram o poder do Seu amor fiel para renovar todas as coisas. Eles testemunharam Seu poder de transformar o caos em milagre. E Deus está lhes dando uma mensagem de graça para compartilhar com outros.

Esse casal testemunhou Seu poder de transformar o caos em milagre. E Deus está lhes dando uma mensagem de graça para compartilhar com outros.

Raquel ainda não viu um milagre acontecer na confusão de seu casamento. Mas tanto ela quanto Carla receberam Sua graça para compartilhar. Ela e **Fernando** se conheceram na Universidade do Sul da Califórnia. Ambos vindos de lares cristãos sólidos, tornaram-se amigos através de um ministério do *campus*. Eles se casaram na semana seguinte à formatura.

Raquel sonhava envelhecer com Fernando, terem filhos juntos e exercerem um ministério frutífero. Logo após o casamento, Raquel descobriu um profundo nível de raiva em Fernando que ela não havia notado antes. Sendo uma "pessoa muito infeliz", Fernando "congelava" Raquel, recusando-se constantemente a conversar com ela ou com suas duas filhas, até nas horas de refeição, e isso vivendo debaixo do mesmo teto. Ele também se tornou um controlador obsessivo sobre todos os detalhes da vida dela, irrompendo em ataques de raiva por qualquer motivo ou mesmo sem nenhuma razão. E, quando ele não estava trabalhando, passava praticamente todos os momentos na poltrona com os olhos grudados na TV, trocando compulsivamente de canal, para não perder um único evento esportivo.

Com medo de provocar raiva no marido, Raquel tendia "varrer os problemas para debaixo do tapete" em vez de confrontá-lo. Ela não queria pôr em risco o casamento de seus sonhos e a linda família que tanto sonhara.

Isso continuou por anos, com Raquel acumulando ansiedade e protegendo os outros da verdade. Porém, ela finalmente percebeu que precisava ser sincera sobre o fato de que seu casamento estava se despedaçando. Ela compartilhou sua situação com um sábio conselheiro — um passo dado com muita emoção, mas também tremendamente libertador.

Incentivada pelo conselheiro, ela finalmente criou coragem e abriu o coração para seu marido e, com amor, compartilhou suas preocupações. Porém, como ela temia, ele ficou furioso e saiu, deixando-a chorando.

Todo esse ciclo se repetiu várias vezes ao longo de 28 anos de casamento. "Você não percebe que fez de seu marido um ídolo, até que algo assim acaba acontecendo", ela nos disse.

Por fim, depois de muitas rodadas de aconselhamento e esforços unilaterais intermináveis, o casamento de Raquel e Fernando terminou em um divórcio que Raquel não queria e tanto lutou para evitar. No entanto, seu casamento desfeito não é a história completa nem o fim da história.

Agora Raquel entrega Fernando diariamente ao Senhor, decidida a não deixar que sua perda roube sua alegria e bem-estar. Ela ora por ele, por sua cura e até mesmo para o caso de o Senhor trazê-lo de volta, restaurando seu casamento. Ela continua a servir ao Senhor e aos outros, incluindo suas filhas e suas famílias. Para não se afundar em autopiedade, exasperação ou desespero, Raquel adota rotinas regulares de caminhada, adoração, oração, louvor, imersão nas Escrituras, descanso, comunhão com amigos consagrados, frequência à igreja e ajuda outras pessoas.

Tudo isso enquanto espera para ver a continuação que Deus dará à sua história.

Ao longo dos anos, suas filhas testemunharam o quebrantamento e as lágrimas de Raquel, e tiveram suas próprias mágoas com o pai. Embora ela as apoie, recusou-se firmemente a depreciar Fernando diante delas. Em vez disso, deixou-as ouvir suas orações em favor dele. Felizmente, elas caminham com o Senhor hoje, são casadas com homens crentes e ensinam seus próprios filhos a seguirem Cristo. "Não tenho o crédito por minhas filhas serem o que são hoje", disse Raquel. "A orientação que dei a elas não foi por ser forte, mas por ser fraca e tremendamente necessitada de um Deus poderoso."

Raquel sabe que as dificuldades desta vida são temporárias, que os planos de Deus para ela são bons, e que tudo pelo que ela passou foi para prepará-la para a eternidade com Ele.

Acima de tudo, Raquel está "sintonizada" em Jesus. Ela experimentou profunda mágoa e rejeição, mas é uma mulher cheia de esperança nEle. Ela sabe que o Senhor nunca a abandonará. Ele lhe concederá graça para, diariamente, dar um passo após outro e enfrentar o futuro na dependência dEle — e com alegria. Ela sabe que as dificuldades desta vida são temporárias, que os planos de Deus para ela são bons, e que tudo pelo que ela passou foi para prepará-la para a eternidade com Ele.

Histórias como as que você acabou de ler nos lembram o alto preço do pecado e do egoísmo nos relacionamentos — nos nossos e nos de outros. Às vezes, parece que cacos de casamentos desfeitos estão sempre chegando até nós. Então, encontramos alguém como **Lorna Wilkinson**[3] cuja história nos faz lembrar que a graça e o poder de Deus realmente podem restaurar vidas e lares desfeitos.

Eu (Nancy) conheci Lorna em uma igreja na cidade de Houston, Texas, quando ministrava uma palestra. No encerramento de uma das reuniões, ela se levantou e perguntou se poderia dar um breve testemunho. Nos minutos seguintes, todos ficamos encantados ao ouvir sua incrível história de graça e redenção.

Lorna e seu marido, Pascal, estavam casados há 21 anos e, em grande parte desse tempo, Pascal tinha sido um bom marido e pai. Como na história de Carla, mais tarde o abuso de álcool de Pascal arruinou seu lar. Por nove anos, Lorna conviveu com promessas não cumpridas, mentiras e o caos financeiro causado pelo consumo de bebidas obsessivo de Pascal e por sua irresponsabilidade crônica.

"Eu não podia mais confiar em meu marido", contou Lorna. "Ele me deixava no trabalho e depois esquecia de ir me buscar. Às vezes, eu o esperava por horas e, por fim, tinha de ficar em algum hotel por perto. Era uma situação

---

[3] É possível assistir a um vídeo do testemunho de Lorna no site de *Revive our hearts*. Assista *"Lorna's story of forgiveness (Profile Video),"* *Revive our hearts*, postado em 11 de outubro de 2008, https://www.reviveourhearts.com/events/true-woman-08/lornas-story-forgiveness-profile-video/.

muito difícil e constrangedora. Fui suportando, suportando, até que um dia estourei: 'Não aguento mais! Preciso sair desta situação'." Lorna, então, entrou legalmente com o divórcio e pediu ao marido que fosse embora. Na época, foi o que ela conseguiu fazer. Como precisava ter seu próprio meio de transporte, comprou um carro usado de um amigo. Na noite em que ela pegou o carro pela primeira vez, o rádio estava sintonizado em uma estação cristã. Ela não tinha o hábito de ouvir estações de rádio cristãs, então estendeu a mão para mudar de sintonia. Ao erguer a mão, parou subitamente, com uma espécie de "convicção" que dizia que ela não deveria mudar de estação. Então, continuou ouvindo até chegar em casa.

Indo para o trabalho na manhã seguinte, o rádio continuava sintonizado na mesma estação, e dessa vez o programa era *Revive our hearts* [Aviva nossos corações]. Na providência de Deus, minha mensagem naquele dia foi sobre perdão. Eu falei sobre o fato de o amor verdadeiro não contabilizar os erros do outro (v. 1Co 13.5). Aquelas palavras quebrantaram o coração de Lorna.

Depois que o programa terminou, aquela frase ficou martelando em sua mente. Ela não parava de pensar naquilo. Alguns dias depois, enquanto voltava para casa do trabalho, Lorna entregou a vida a Jesus.

Havendo recebido o perdão de Cristo, ela sabia que precisava perdoar o marido. Mas não foi fácil abrir mão de todo o sofrimento que ele causara a ela e a seus filhos.

> Eu desprezava o Pascal. Não queria que ele me tocasse. Não queria mais me relacionar com ele. Então orei: "Deus, Tu conheces o meu coração. E Tu conheces os meus

sentimentos em relação ao meu marido. Eu não gosto mais dele. Não o amo mais. Mas sei que Tu és amor. E peço que deixes Teu amor fluir através de mim".

Alguns dias depois, ela recebeu uma ligação de Pascal dizendo que estava passando mal. Ainda frustrada e com raiva, ela perguntou: "Por que você está me ligando? Por que não liga para a emergência?"

Ele deve ter feito isso, porque a notícia seguinte foi que ele estava no hospital e sofrera um ataque cardíaco. A família se reuniu na sala de espera, sem saber se ele sobreviveria.

A essa altura, Deus começou a amolecer o coração de Lorna. Ela sentiu Deus dizer-lhe: "Vá e sussurre no ouvido do seu marido que ele não precisa se preocupar com um lugar onde morar, que ele pode voltar para casa". Por mais difícil que tivesse sido, ela obedeceu. Caminhou cuidadosamente entre as máquinas e tubos que estavam presos a ele, parou ao seu lado e sussurrou no seu ouvido: "Quero que você volte para casa, querido. Eu o amo. Vamos resolver essa situação".

Pascal se recuperou e voltou para casa. Alguns dias depois, quando ele estava sentado no sofá da sala, Lorna se ajoelhou diante dele. "Querido", disse ela, "nos últimos anos passamos por tanto sofrimento que perdi a confiança em você. Mas quero que saiba que eu o perdoo".

Depois daquele dia, em resposta à graça demonstrada por Lorna, Pascal entregou a vida a Cristo. A transformação que se seguiu foi dramática — até mesmo milagrosa. Imediatamente, por incrível que pareça, Pascal perdeu o desejo de beber, e uma "restauração e recuperação total" chegou a sua casa. Lorna disse que "começamos a ter reuniões em família e reuniões de oração. Havia flores, cartões e jantares tranquilos à luz de velas... uma série de coisas que muitas pessoas nunca tiveram em seu casamento".

Quatro meses depois, por volta das 4 horas da manhã de uma terça-feira, Pascal a acordou. "Lorna", ele disse ternamente, "um homem deve amar sua esposa de todo o seu coração, com toda a sua alma e com toda a sua mente, como Deus nos amou. Neste momento, quero lhe dizer que amo você dessa forma".

Essas foram as últimas palavras que Lorna ouviu do seu marido. Algumas horas depois, enquanto ela estava no trabalho, ele teve um ataque cardíaco fatal e partiu para estar com o Senhor. Embora ainda sinta sua falta, ela agradece a Deus diariamente por Sua graça em sua vida e em seu casamento. Ela diz:

> Não sei onde estaria hoje se não o tivesse perdoado. Meu marido provavelmente teria morrido em algum lugar e não teria havido restauração entre nós. Nossos filhos não saberiam o que é ter o amor e a liderança de um marido e pai em casa. Eles experimentaram isso de maneira tão profunda que hoje podemos nos alegrar em família e lembrar os momentos maravilhosos que o Senhor nos deu durante aqueles quatro meses.

Deus criou o casamento para contar a incrível história de Seu compromisso, de Sua graça e de Seu amor. Não é de surpreender que o inimigo trabalhe duro para impedir que isso aconteça. Porém, o Espírito Santo é capaz de infundir esperança, alívio e cura na vida de qualquer pessoa que esteja disposta a deixá-lo escrever (ou reescrever) a história de seu casamento.

Obviamente, por mais esforço, oração ou fé que você invista no seu casamento, não se pode garantir que ele será milagrosamente restaurado. Um cônjuge não pode controlar as escolhas do outro. Porém, o amor e a misericórdia de Deus permanecerão firmes e sólidos, independentemente do resultado. Um cônjuge que esteja disposto a confiar em Deus e obedecer-Lhe, mesmo em meio a um casamento difícil ou divórcio indesejado, terá a alegria de se aproximar de Cristo, receber Sua graça e refletir a história do evangelho através do Seu amor redentor.

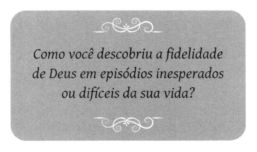

Como você descobriu a fidelidade de Deus em episódios inesperados ou difíceis da sua vida?

5

Você pode confiar em Deus quando deseja se casar

Deus nunca nos nega o desejo do nosso coração, exceto para nos dar algo melhor.[1]

Elisabeth Elliot

Em 1968, quando eu (Robert) cursava a faculdade, uma música chamada *One* [Um], escrita por Harry Nilsson, foi lançada pela banda australiana *Three Dog Night*. A letra proclamava que o número um é "o número mais solitário" que uma pessoa pode conhecer.

A música fez muito sucesso na época e continuou a despertar sentimentos ao longo das décadas. Outros artistas a cantaram, e ela apareceu na trilha sonora de vários filmes e programas de TV conhecidos. Por que ela permanece? Creio que é porque expressa um sentimento profundo e

---

[1] ELLIOT, Elisabeth. *The path of loneliness: finding your way through the wilderness to God*. Grand Rapids: Revell, 2007, p. 32.

conhecido de muitos, incluindo vários dos nossos queridos amigos, que aguardam que Deus realize seus sonhos de encontrar um cônjuge.

—— ✢ ——

Elisabeth Elliot, a conhecida missionária, autora e palestrante já falecida, descreveu a ideia de sofrimento como "ter o que não se quer, ou querer o que não se tem".[2]

As pessoas cujas histórias relatamos no capítulo anterior sabem o que é ter o que não querem — sofrimento e casamentos disfuncionais, no relacionamento humano mais íntimo que existe.

Talvez seu sofrimento seja o oposto — desejar algo que Deus decidiu não lhe dar: o dom do casamento. Talvez você nunca tenha se casado, talvez esteja novamente só, por viuvez ou divórcio.

É tentador para os que têm um casamento infeliz pensar que estariam melhor sem aquele cônjuge, enquanto os que desejam se casar, por vezes, pensam que se realizariam caso estivessem casados.

Desde pequenos, somos condicionados pela cultura *pop* e por muitas outras influências a acreditar que existe um príncipe para cada princesa e que amor, romance e casamento são iguais a "felizes para sempre". Pense nos filmes e comédias românticos da Disney que retratam o casamento como o objetivo final, enquanto ser solteiro é uma fatalidade da qual precisamos ser resgatados.

Quando a vida real não é como um conto de fadas ou uma comédia romântica, o peso das esperanças e expectativas

---

[2] ELLIOT, Elisabeth. *Suffering is never for nothing.* Nashville: B&H, 2019, p. 9.

não atingidas pode ser esmagador. Em várias ocasiões, muitas mulheres compartilharam comigo (Nancy) sua luta para confiar em Deus no tocante à vida amorosa:

- "Tenho 52 anos de idade e nunca me casei. Deus sabe mesmo o que é melhor para mim? Mal sobrevivo sob o enorme peso da solidão. Estou repleta de raiva e amargura. Todos os meus amigos e irmãos mais jovens, incluindo amigos ateus, estão casados e felizes há décadas, já tendo inclusive filhos. A minha mãe orou fervorosamente, por muitos anos, para que eu encontrasse um marido cristão. Ela partiu sem ver sua oração respondida. Eu não entendo".

- "Quero crer que Deus tem um plano para mim, e é por isso que ainda estou solteira. Porém, acho difícil olhar para o futuro. Não entendo por que tantas mulheres são abençoadas com uma família e um marido. Será que Deus as ama mais do que a mim?"

—✣—

A própria Elisabeth Elliot experimentou períodos como casada e como solteira.[3] Ela ficou viúva pela primeira vez aos 29 anos, depois de apenas 27 meses de casamento, quando seu marido Jim foi brutalmente morto enquanto servia a

---

[3]Detalhes biográficos compilados de Elliot, Elisabeth, "About Elisabeth", acessado em 20 de janeiro de 2018, http://www.elisabethelliot.org/about.html; Roberts, Sam, "Elisabeth Elliot, Tenacious Missionary in Face of Tragedy, Dies at 88", *New York Times*, 18 de junho de 2015, https://www.nytimes.com/2015/06/18/us/elisabeth-elliot-tenacious-missionary-to--ecuador-dies-at-88.html; e outras fontes.

Cristo no Equador. Elisabeth tinha uma bebê de 10 meses. Quase três anos depois, Elisabeth voltou com sua filhinha bem pequena para aquela aldeia, no sopé dos Andes (na Floresta Amazônica), onde seu marido fora assassinado, para compartilhar a história do amor e perdão de Deus com o povo huaorani.[4] Ela ficou com os huaoranis por dois anos, depois continuou como missionária em outra tribo antes de retornar aos Estados Unidos.

Após nove anos como viúva e criando sua filha sozinha, Elisabeth se casou novamente, mas seu segundo marido morreu de câncer quatro anos depois do casamento. Mais quatro anos se passaram, e ela se casou com seu terceiro marido, vindo este a falecer depois dela. Durante toda a sua vida agitada, ela aprendeu o que significava confiar em Deus em situações inexplicáveis, quando o que recebeu não era o que havia pedido ou esperado. Somos abençoados por ter muitos amigos cuja vida, como a de Elisabeth, demonstrou de forma tão bela o significado de confiar em Deus em períodos prolongados de estar só. Isso não exclui provas e lutas ocasionais, mas aponta para a bondade e o amor do nosso Pai. Nas páginas a seguir, compartilhamos três momentos de suas jornadas.[5]

---

[4][NT]: Ou *aucas*.
[5]Você perceberá que selecionamos apenas casos de mulheres. Isso não significa que os homens por vezes não lutem com sonhos não realizados de casamento. Em nossa experiência, porém, essa luta é mais comum entre as mulheres, especialmente para as que acreditam que Deus deu ao homem a responsabilidade de iniciar um relacionamento e que podem sentir-se impotentes para mudar seu estado civil.

Desde jovem, "**Cassandra**" sonhava em se casar. Quando se formou na faculdade, ela presumiu que esse seria o próximo evento, como ocorreu com muitas de suas amigas. Mas os anos foram passando, e ela ainda não se casou. Agora, aos 50 anos, Cassandra às vezes acha difícil encontrar assuntos para conversar nas reuniões familiares ou da igreja... sem marido, sem filhos. Às vezes, é difícil ver sobrinhos e sobrinhas se casando e tendo filhos. Embora ela esteja genuinamente feliz por eles, esse tipo de acontecimento causa, muitas vezes, uma dor no coração, trazendo à tona aquele sentimento de "É... fiquei pra titia".

Para ela, os desafios de ser solteira e de ter sonhos não realizados muitas vezes se concentram na ansiedade de ficar sozinha, na sensação de haver perdido a oportunidade ou de ter sido excluída e em perguntas irritantes sobre sua autoimagem que a levam a pensar: O que há de errado comigo? (É bom que se diga, ela é uma mulher incrível, adorável e graciosa.)

Cassandra sempre desejou que um homem crente se interessasse por ela, mas, até agora, poucas vezes isso aconteceu. Ela namorou brevemente alguns homens que a convidaram para sair, mas eles não pareciam muito interessados em assuntos espirituais — algo inegociável para Cassandra. Quando os relacionamentos terminavam, amigos e familiares perguntavam se ela não estaria sendo muito exigente. Porém, em todos os casos, sua cautela foi confirmada, e ela agradece ao Senhor por havê-la protegido de se envolver ou de se casar com uma pessoa que não compartilhava de seu amor por Cristo.

Então, como Cassandra lida com os anseios não realizados ainda presentes em seu coração? "Acalmo o meu coração de acordo com a Palavra de Deus, e isso pode parecer uma resposta perfeita de uma classe de Escola Dominical", diz ela. "Mas a verdade é que funciona." Cassandra aprendeu ao longo dos anos que conversar com Deus quando está só, oprimida, com ciúmes ou com medo lhe traz conforto e direção.

Como Cassandra lida com os anseios não realizados ainda presentes em seu coração? Ela escolhe procurar o bem a cada dia em vez de se concentrar no que acha que está perdendo. "O que recebi hoje de Deus prova que Ele é suficiente", diz ela. E Ele o é.

Ela escolhe procurar o bem a cada dia em vez de se concentrar no que acha que está perdendo. "O que recebi hoje de Deus prova que Ele é suficiente", diz ela. E Ele o é.

Emociona ver essa mulher se dedicar à sua família, aos amigos e às outras pessoas. Ela é uma luz que brilha onde quer que Deus a coloque, uma fonte firme de encorajamento para nós e para tantos outros. Ela mantém seu olhar fixo em Cristo e na eternidade que ela passará como Sua noiva.

P.S.: Enquanto este livro estava sendo preparado para impressão, um viúvo consagrado iniciou um relacionamento com Cassandra. Regozijamo-nos com ela porque o amor foi despertado em seu coração. Parece que o Senhor está lhe concedendo seu antigo desejo de se casar — ela está muito feliz com essa dádiva, mas também sabe que isso nunca será tão precioso quanto o presente eterno e insuperável do amor de Deus. Como é bom ver essa querida amiga continuar confiando em Deus para escrever sua história.

Sendo apenas dois anos mais nova, **Bethany Baird** (agora **Beal**) e sua irmã mais velha, **Kristen**, eram as melhores amigas. Quando Kristen anunciou seu noivado com Zack, Bethany sabia que a dinâmica do relacionamento entre elas mudaria. Logo Kristen estaria casada e Bethany ainda seria solteira.

Bethany, no entanto, não estava muito preocupada. Achava que sua vez chegaria em um ou dois anos. No entanto, ela continuou solteira por mais sete anos. Nesse período, a maioria de suas amigas se casou e teve bebês. Ela participou de dezenas de casamentos, foi dama de honra em muitos deles e organizou vários chás de bebê e de cozinha — todos como solteira —, pensando se seu grande dia realmente chegaria. Parecia que a vida dos outros estava avançando enquanto ela estava ficando para trás.

Aquelas expectativas românticas não atendidas eram difíceis de ser enfrentadas. Ela não gostava da ideia de não estar casada. Não queria participar de grupos de solteiros, ter muitos encontros ou ir desacompanhada a todos aqueles casamentos. Ela queria seu próprio marido. E quanto antes, melhor.

Ao olhar para trás, no entanto, Bethany acredita que o período de solidão que atravessou fazia parte do bom e perfeito plano de Deus para sua vida, mesmo que esse plano não a tenha levado ao altar tão cedo quanto ela esperava.

Durante aqueles anos, Bethany foi influenciada por uma frase que leu no livro de Nancy intitulado *Choosing gratitude* [Escolhendo a gratidão]:

Aprendi que em cada circunstância que enfrento, posso reagir de uma entre duas maneiras: Posso **reclamar** ou posso **louvar a Deus**.[6]

Bethany levou a sério o conselho de Nancy, e isso mudou sua disposição mental, especialmente durante a "temporada de casamentos", na primavera e no início do verão. Quanto mais ela se negava a reclamar e mais se concentrava em adorar a Cristo, mais era capaz de se alegrar com os outros quando Deus os abençoava com boas dádivas. Entretanto, confiar sua própria história de amor a Deus nem sempre era fácil para Bethany. Ela via Deus agindo na vida dos outros, mas questionava frequentemente a atuação dEle em sua própria vida. Finalmente, ela percebeu que precisava aplicar as lições de como confiar em Deus. Estudou as Escrituras e entendeu que Deus é, verdadeiramente, o mesmo ontem, hoje e por toda a eternidade. É possível confiar nesse Deus, que sempre foi fiel com Seus filhos, em todos os detalhes da vida, agora e sempre.

Essa nova perspectiva foi uma grande virada para Bethany. Isso a deixou livre para florescer durante os anos em que esteve solteira e desfrutar de tudo o que Deus tinha em mente para ela naquele período. Em vez de esperar por um marido, ela começou a dedicar seu coração e seu tempo

---

[6]DEMOSS, Nancy Leigh. *Choosing Gratitude: Your Journey to Joy.* Chicago: Moody, 2011, p. 23, ênfase do autor.

a servir ao Senhor e a outras pessoas. Primeiramente, ela começou a mentorear e discipular moças e se dedicou ativamente a servir em sua igreja. Então, ela e Kristen fundaram o *Girl Defined Ministries* [Ministério Identidade Feminina] e começaram a escrever livros juntas. Bethany começou a desviar os olhos de suas próprias carências e a ficar mais atenta às necessidades dos outros, concentrando-se em usar sua vida para servir a Cristo. Assim, encontrou verdadeira alegria e satisfação como uma mulher solteira.

Então, pela Providência de Deus na vida de Bethany, ela conheceu um homem que passou a amá-la profundamente — e que ama ainda mais ao Senhor. Que alegria foi assistir à sua doce jornada e ver, junto com outros milhares de pessoas, a transmissão ao vivo de seu casamento com David Beal, um mês após seu 30º aniversário!

Antes de se casar, Bethany abriu seu coração sobre atravessar a "temporada de casamentos" sendo solteira, em um *post* no *blog Revive Our Hearts*. Ela disse:

> Tenha você 19, 25 ou 39 anos, é possível crescer durante a temporada de casamentos. Vamos nos vestir para a festa, comprar presentes de casamento, assinar os livros de visitas e comer o bolo com alegria pelos nossos amigos que se casam e com fé no plano de Deus.[7]

Hoje Bethany aceita com gratidão o dom do casamento, confiando em Deus para o futuro — algo que ela, quando

---

[7]BEAL, Bethany. *Single and surviving wedding season*, blog postado em *Lies young women believe*, 18 de julho de 2018, https://liesyoungwomenbelieve. com/single-surviving-wedding-season/.

ainda era solteira, aprendeu a fazer ao confiar nEle para escrever sua história.

—✧—

"Katie" é uma entre nove irmãos, cinco dos quais casados. Ela já tem treze sobrinhos.

Embora tenha 30 e poucos anos, Katie nos disse que às vezes se sentia como uma adolescente imatura, pois orava assim: "Por que tanta gente namora, e eu não?! Por quê?" Porém, em seu coração ela sabe que sua vida está nas mãos de Deus e que, se algum dia Ele quiser dar-lhe um marido, com certeza o fará. "Ele tem suas razões", disse ela. "É possível confiar nEle completamente para escrever a nossa história."

Ela confessou que às vezes fica tentada a desistir de tudo e a namorar o primeiro rapaz bonitinho que puxar conversa com ela na Starbucks. Porém, seu coração e seus sonhos foram conquistados por algo muito mais fascinante: "O grande 'sim' que eu disse a Jesus sempre me traz de volta à realidade", disse ela com sua simpatia característica e brilho nos olhos. E, então, ela conta que se apropriou das palavras de João 6.68, repetindo-as de cor: *Senhor, para quem iremos nós? Tu tens as palavras da vida eterna* (ACF).

Por vários anos, Katie trabalhou como *designer* gráfica em uma organização sem fins lucrativos. Foi nessa época que ela experimentou a realidade do evangelho e o amor de Jesus de uma maneira completamente nova. Ele alterou radicalmente seus sonhos e aspirações e deu-lhe o desejo de ministrar àqueles que são marginalizados e carentes de Seu amor e graça. Por fim, em um passo de fé, ela levantou seu próprio sustento financeiro e mudou-se para um país fechado ao evangelho, onde agora serve entre um grupo de pessoas não evangelizadas, buscando amá-las e levá-las a Cristo.

Engajar-se em um projeto de mais de quatro anos em um país estrangeiro foi uma nova prova para ela. Fazendo as contas, ela percebeu que, quando chegasse o tempo de voltar para casa, poderia já não ter mais idade para engravidar.

E essa foi a primeira vez que me lembro de me perguntar: "Deus, o Senhor está pedindo que eu seja solteira a vida toda?" e me entristeci. Mas depois de experimentar Sua fidelidade por tantos anos, em grandes e pequenos sonhos, posso dizer: "Deus, eu sei que o Senhor poderia me dar um marido no campo missionário, mas mesmo que o Senhor não o faça, mesmo que eu viva o resto da minha vida como solteira, ainda confio no Senhor. Conte comigo. O Senhor é soberano".

"Deus, eu sei que o Senhor poderia me dar um marido [...], mas [...] mesmo que eu viva o resto da minha vida como solteira, ainda confio no Senhor. Conte comigo. O Senhor é soberano." (Katie)

Eu (Nancy) desejo que cada uma das minhas amigas que não estão casadas se agarre à convicção que se mostrou firme para o coração de Cassandra, Bethany e Katie em seu prolongado período como solteiras, assim como foi para mim: Deus é bom, e você pode confiar nEle para escrever sua história. Talvez você esteja pensando: "Bom, para você é fácil dizer isso. Deus lhe deu um marido. Mas eu continuo sozinha!" Vou contar o que aprendi. Durante meus 57 anos como solteira, tive os meus momentos de solidão e desejei desfrutar de uma companhia para a vida. Mas também experimentei sincera satisfação, alegria e produtividade, quando aprendi a confiar em Deus para dirigir a minha vida, suprir as minhas necessidades e caminhar comigo nos desafios daquele período. E, agora que estou casada, sei que Jesus, e não o meu marido — por mais precioso que ele seja —, é o meu bem maior, a minha esperança infalível, e em quem posso confiar para o que der e vier nesse novo capítulo da minha vida.

—⚜—

Durante treze anos (a partir dos 63 anos de idade), Elisabeth Elliot apresentou diariamente o programa de rádio *Gateway to joy* [Portal para a felicidade]. Ela abria cada transmissão com suas conhecidas palavras:

... "Com amor eterno te amei" — é o que a Bíblia diz.
"Por baixo de ti estende os braços eternos."
Aqui fala sua amiga, Elisabeth Elliot...

Essas palavras forneceram perspectiva e consolo para seus ouvintes, tanto para os casados quanto para os solteiros. Pode ser que seu sonho de ter um cônjuge ainda não tenha se realizado — ou que você esteja em um casamento conturbado, no qual se sente completamente só. Não podemos afirmar que Deus mudará a sua situação, pelo menos por enquanto. Porém, podemos garantir que você é profundamente amado com o amor inabalável do Senhor, um amor que jamais termina.

Não podemos afirmar que Deus mudará a sua situação, pelo menos por enquanto. Porém, podemos garantir que você é profundamente amado com o amor inabalável do Senhor, um amor que jamais termina.

Talvez você deseje ser abraçado por alguém que realmente se importe com os seus sentimentos e esteja dedicado ao seu bem-estar. Os braços eternos de Deus estão suportando e abraçando, carregando e cuidando de você.

Você anseia por um amigo que a conheça e se interesse por você? Em Cristo, você tem o amigo mais querido que alguém pode ter, alguém que caminha com você hoje e será seu por toda a eternidade.

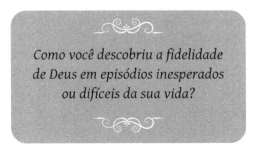

Como você descobriu a fidelidade de Deus em episódios inesperados ou difíceis da sua vida?

6

Você pode confiar em Deus quando sofre pressões financeiras

Deus é um Pai sábio
que às vezes recusa o que você deseja,
para lhe dar o que você precisa.[1]

H. B. Charles Jr.

Na quinta-feira, 28 de fevereiro de 1992, uma chamada entrou na central telefônica (lembra-se dela?) da editora que eu (Robert) possuía com o meu sócio, Michael Hyatt. Era a ligação de um amigo... que também era o presidente de uma empresa com a qual tínhamos dívidas.

— Olhem, não quero fazer o que estou prestes a fazer — disse ele, hesitante. — Mas respondo aos meus superiores e não tenho escolha.

---

[1]H.B. Charles Jr., *It Happens after prayer: biblical motivation for believing prayer* (Chicago: Moody, 2013), 40.

— O meu coração disparou. Pelo jeito, não seria uma conversa leve.

E realmente não foi. Em seguida ele disse:

— Vamos ter de fechar a sua empresa.

Foi isso. A empresa dele era subsidiária de outra maior, e ele recebera "ordens da matriz" para encerrar a empresa que Mike e eu havíamos iniciado cinco anos antes.

Depois de uma pausa, perguntei:

— Tem certeza?

— Sim... Infelizmente. Ele respondeu.

Com o objetivo de ter algum tempo para pensar e processar a notícia, perguntei se poderíamos conversar de novo na manhã seguinte para confirmar definitivamente o fato. Eu queria ter certeza do que estava realmente acontecendo antes de informar nossa equipe. Ele concordou e prometeu falar novamente com seus superiores.

Andei até a porta do escritório e a fechei. Em seguida me sentei no chão ao lado da minha mesa e chorei. O sonho de ter a nossa empresa havia terminado. E, como eu havia investido tudo o que possuía naquele negócio, eu estava diante da iminência de perder tudo, além da insegurança e do constrangimento de não saber de onde viria o meu sustento.

Eu não queria confiar em Deus naquele momento. Não queria acreditar que Ele sabia o que era melhor. Eu queria pena — e talvez até vingança. Não havíamos gerenciado a nossa empresa com perfeição, mas não merecíamos isso.

Atordoado, levantei-me e caminhei pelo corredor até o escritório de Mike. Entrei sem bater na porta e dei-lhe as notícias. Ele se levantou espontaneamente, como que em reverência a um cortejo fúnebre. Aquela notícia não podia ser recebida sentado.

Depois gastamos bastante tempo juntos, pensando no que fazer. A princípio, tivemos raiva, depois descrença e a seguir resignação. Finalmente, em meio a lágrimas, ousamos confiar em Deus — acreditar que Ele estava escrevendo a nossa história. Na época, é claro, não podíamos entender por que o enredo estava se desenrolando dessa maneira. Embora não pudéssemos imaginar como tudo terminaria, sabíamos que, no final das contas, seria bom, porque Deus é bom e todos os Seus caminhos também o são. O fatídico telefonema chegara no dia do meu 44º aniversário. A classe de adultos da Escola Dominical na qual eu ensinava havia me presenteado com o *voucher* de um bom restaurante. Então, a minha esposa Bobbie e eu saímos para comemorar o meu aniversário — e conversar sobre as notícias que acabáramos de receber.

Em nenhum momento naquela noite, ou nos meses difíceis que se seguiram, Bobbie me menosprezou ou me censurou. Eu estava fragilizado, e ela poderia facilmente ter "acabado comigo". Ela sabia muito bem que Mike e eu havíamos investido tudo o que tínhamos na empresa. Mas ela nunca disse: "Eu falei!" ou "Você desperdiçou todo o nosso dinheiro!" O apoio e incentivo de Bobbie naquela época foram um grande presente de Deus e um canal de Sua graça para um homem emocionalmente abalado.

Na manhã seguinte, fui ao escritório. Depois de confirmar que a situação não havia mudado, Mike e eu reunimos nossa equipe e explicamos que estávamos encerrando as nossas operações, e todos estavam oficialmente desempregados. Então, começamos a fazer o necessário para enfrentar os próximos meses.

Incapazes de pagar a nossa hipoteca, Bobbie e eu vendemos a nossa casa dos sonhos, grande e adorável, e nos mudamos para uma casa alugada. Como não podíamos pagar as prestações, devolvemos o nosso segundo carro ao revendedor. Tiramos a nossa filha mais velha da escola particular e reduzimos drasticamente o orçamento para seu casamento, que estava próximo. E, por mais impossível e estranho que parecesse, nos dias que se seguiram, Mike e eu nos apegamos à fidelidade de Deus. Fizemos o possível para cumprir elegantemente as exigências da firma que demandou o encerramento da nossa empresa. A equipe limpou suas mesas e recorreu ao seguro-desemprego. Em poucos dias, a empresa enviou representantes com um caminhão para retirar os nossos móveis e computadores. Durante todo o processo, apegamo-nos com firmeza ao que sabíamos ser verdade a respeito de Deus e de Seus caminhos, embora, na época, tanto o presente quanto o futuro parecessem sombrios.

No meio de tudo aquilo, vimos Deus prover para nós e para a nossa equipe de forma notável. (Robert)

Toda essa experiência foi incrivelmente humilhante. A dúvida e o medo às vezes me envolviam como um cobertor molhado. Porém, no meio de tudo aquilo, vimos Deus prover para nós e para a nossa equipe de forma notável.

Nossas famílias e o Corpo de Cristo se uniram para nos incentivar e ajudar. Por exemplo, uma pessoa de nossa equipe era mãe solteira. Quando souberam que ela havia perdido o emprego, os amigos arrecadaram dinheiro e compraram roupas para sua filha pré-adolescente. Certo dia, Bobbie e eu chegamos em casa e encontramos várias sacolas de compras na porta dos fundos, deixadas por um amigo anônimo que soube de nossa situação e quis ajudar.

Um dos meus irmãos passou a me ligar com frequência para checar se estávamos bem, e isso nos aproximou muito um do outro.

Na providência de Deus, aquela perda serviu de catalisador para redirecionar a minha vida profissional. Mike e eu abrimos uma nova empresa — uma agência de representação literária. Seis anos depois, comprei a parte dele, e Mike retornou ao mundo corporativo, onde ascendeu à presidência da empresa e veio a se tornar um autor *best-seller* e "guru" de produtividade.

Quanto a mim, ser um agente literário tem sido uma verdadeira dádiva do Senhor. Além de sustentar a minha família por meio desse negócio (sem dívidas!), Ele me deu o privilégio de andar lado a lado com centenas de autores para ajudá-los a transformar as mensagens de cada coração em livros publicados. Além disso, os negócios da agência criaram espaço na minha agenda para perseguir outros sonhos e projetos ministeriais.

Em 1996, escrevi o primeiro de mais de vinte livros, compartilhando encorajamento e ideias para pais de filhas. Duvido que chegaria a escrever uma só palavra se não fosse pela ligação inesperada e indesejada que recebi no meu 44º aniversário. Tudo aconteceu no tempo certo, de acordo com o confiável roteiro de Deus.

Mesmo agora, quase trinta anos depois, meus olhos se enchem de lágrimas quando penso como toda essa experiência foi dolorosa. Porém, também estou impressionado com a fidelidade e bondade do meu Pai celestial, e sou grato por Sua direção na minha vida. Fazendo uma retrospectiva, sabendo o que sei agora (e entendendo que há muito que ainda não sei), não escolheria reescrever uma única cena dessa história.

Duvido que chegaria a escrever uma só palavra se não fosse pela ligação inesperada e indesejada que recebi no meu 44º aniversário. Tudo aconteceu no tempo certo, de acordo com o confiável roteiro de Deus. (Robert)

A história da minha família (de Nancy) também inclui um capítulo sobre grandes perdas financeiras. Aconteceu durante o meu segundo ano do ensino médio. O Senhor quis que nesse ano eu participasse do curso de Culturas Mundiais, uma aula ministrada por Roy Parmelee. O "Treinador Parm", como era carinhosamente conhecido, também treinava o time de basquete dos meninos. Mais importante, ele entendia e ensinava História com base em uma cosmovisão cristã.

Ao estudarmos a ascensão e queda das nações, duas guerras mundiais, figuras-chave que influenciaram suas épocas e sistemas de crenças que moldaram o curso da História, uma convicção enraizou-se firmemente no meu coração: a de que o Deus soberano do universo reina tanto sobre os grandes eventos da história do mundo como nos detalhes de Sua criação.

Esse conceito teológico não era novo para mim, pois eu havia crescido imersa nas Escrituras tanto em casa como na igreja e na escola cristã. Só que agora eu estava vendo a soberania de Deus operando no panorama da História mundial, e aquilo era uma visão impressionante para o meu jovem coração. Eu nunca mais veria este mundo — ou o meu mundo — com os mesmos olhos. Entendi, sem sombra de dúvida, como diz o hino, "Este é o mundo de meu Pai".

Durante esse mesmo ano escolar, em razão de uma série de circunstâncias difíceis pelas quais minha família passou, eu também experimentaria de maneira pessoal o consolo, a calma e a confiança que advêm de saber que o céu está no controle, e que um Deus bom, sábio e soberano está profundamente envolvido em todos os capítulos da nossa vida.

Ao longo de todo aquele ano, os negócios do meu pai sofreram ataques intensos. Ele teve a ideia de vender seguros de saúde e de vida diretamente aos consumidores, ignorando os intermediários. Embora essa prática seja comum hoje, na década de 1970 o *marketing* direto era desaprovado. O órgão regulador do estado da Pensilvânia fez tudo o que pôde para encerrar seus negócios e chegou até parecer que eles conseguiriam. No entanto, meu pai finalmente venceu, só que o preço foi alto; seus adversários conseguiram dizimar quase todo o seu negócio e patrimônio pessoal.

Mesmo passando por tudo isso, Art DeMoss nunca entrou em pânico. Ele nos ensinou que tudo o que temos vem de Deus e pertence a Deus, e que Ele é a fonte de toda bênção material — não um negócio, não os investimentos nem o mercado de ações, muito menos uma economia saudável. Ele reconheceu que não merecemos boas dádivas de Deus e que, como o dono de tudo, Deus tem tanto o direito de dar como o de tirar, se assim Lhe aprouver.

—⚓—

Essa não foi a primeira vez que meu pai passou pela experiência de ter que confiar em Deus em relação às suas finanças. Ainda criança, lembro-me de ouvi-lo compartilhar que, quando se converteu em 1950, duas semanas antes de completar 25 anos, ele tinha uma dívida de dezenas de milhares de dólares. (Atualmente, isso equivale a centenas de milhares em dólares.) Isso aconteceu apesar de ele ter o hábito de trabalhar sete dias e cinco noites por semana em sua empresa que estava em fase inicial.

Como muitos empreendedores, ele se considerava indispensável à sua empresa e acreditava que, caso se ausentasse por alguns dias, ao retornar descobriria que tudo havia se acabado. Então, ele fazia o possível para não se afastar! Se ele precisasse sair por algumas horas, ligava constantemente para o escritório para ter certeza de que tudo estava bem. E foi assim até que algo mudou, quando ele decidiu confiar sua vida a Deus. Mais tarde, ele explicou:

> O Senhor me salvou e prometeu suprir todas as minhas necessidades [...].
>
> Posso testemunhar, para a glória de Deus, que, apesar da minha frequente infidelidade, Ele sempre foi mais do que fiel. Primeiramente, Ele me tirou da minha situação de dívidas logo após a minha conversão [...]. Eu não precisava

trabalhar noite e dia e aos domingos, como antes. Tudo o que eu precisava fazer era colocar Deus em primeiro lugar.[2]

—✧—

Até o fim da vida, Art DeMoss colocou Deus em primeiro lugar. Mas isso não significa que Deus o tenha poupado de sofrimentos e dificuldades.

O revés pelo qual passou com sua empresa quando eu estava no ensino médio foi apenas uma das muitas pressões que a nossa família enfrentou naquela época. No ano anterior, a minha mãe havia sofrido sérias complicações antes de dar à luz a minha irmã mais nova, a sétima na nossa família.

Nove meses depois, na noite anterior ao início de um novo ano escolar, um incêndio começou na nossa casa no meio da noite, e éramos doze pessoas dormindo ali. Milagrosamente todos se salvaram, mas a casa sofreu grandes danos. Por algum tempo, moramos com amigos até encontrarmos outra casa para nós.

Então, no final do mesmo ano escolar, a minha mãe foi submetida a uma cirurgia para remover um perigoso tumor cerebral que cresceu sem ser diagnosticado por dez anos. Por misericórdia ela se recuperou, embora com problemas permanentes de equilíbrio e a perda da audição em um ouvido.

Enquanto observava o meu pai resistir àqueles períodos de tempestade implacável, eu via um homem que, surpreendentemente, estava em paz. Mesmo quando a nossa família recebia esses golpes, seu coração permanecia firme.

---

[2]DeMoss, Arthur S., *God's secret of success* (West Palm Beach, FL: Arthur S. DeMoss Foundation, 2002, orig. pub. 1980) 4.

Enquanto atravessávamos as adversidades, mesmo antes de saber o resultado, ele consistentemente dava o exemplo de como oferecer um sacrifício de louvor.

Enquanto observava o meu pai resistir àqueles períodos de tempestade implacável, eu via um homem que, surpreendentemente, estava em paz. Mesmo quando a nossa família recebia esses golpes, seu coração permanecia firme, ancorado na soberania e na Providência de Deus. (Nancy)

Ancorado na soberania e Providência de Deus, ele conseguiu permanecer grato e sereno tanto em períodos de grandes perdas quanto nos de grande ganho.

O exemplo dos meus pais durante esse período e as aulas de Cultura Mundial com o treinador *Parm* me proporcionaram o equivalente a um curso de um ano em Introdução à Teologia. O que recebi com essas lições não foi um dogma seco encapsulado em um livro morto, mas uma fé viva, pulsante e vibrante no Deus que reina sobre toda a Sua criação, seja ela grande, seja pequena, um Deus que cuida ternamente dos Seus e está sempre cumprindo Seus eternos propósitos redentores neste mundo.

Tanto Robert quanto meu pai experimentaram o que é confiar em Deus diante de uma perda financeira catastrófica.

Já o meu colega de longa data, **Mike Neises** tem uma história diferente. Por mais de vinte anos, ele e sua esposa, **Chris**, têm confiado em Deus para fornecer o "pão diário" de uma maneira diferente da maioria.

Ainda na casa dos 40 anos, sendo um crente relativamente novo, e havendo conquistado uma posição gerencial em uma empresa familiar no norte de Indiana, Mike começou a se inquietar, querendo estar mais envolvido no ministério. Ele e Chris começaram a orar: "Senhor, estamos abertos a tudo o que quiseres que façamos".

Nos dois anos seguintes, o Senhor orquestrou uma série de circunstâncias que resultaram em Mike deixar a "segurança" de seu emprego no mundo corporativo para assumir uma posição em um ministério no qual, juntos, servimos por vinte e dois anos. Isso envolveu uma redução salarial significativa — até seu 17º ano no ministério, quando sua renda anual excedeu a mais alta renda já recebida no cargo que havia deixado. Além disso, ele e Chris também eram responsáveis por levantar uma parte de seu sustento mensal, como acontece com muitos missionários. Ao iniciarem esse processo, eles tinham três filhos adolescentes. Quando compartilharam sua decisão com seus amigos e familiares (muitos dos quais não eram crentes), alguns pensaram que eles estavam sendo loucos e irresponsáveis por arriscar um emprego tão bom. Alguns chegaram a verbalizar a pergunta de como ele sustentaria a família.

Aproximadamente depois de dois anos no processo de levantar sustento, enquanto ainda trabalhava na empresa, Mike "empacou". Profundamente desencorajado e fazendo mínimos progressos, ele procurou o pastor em busca de aconselhamento: "Devemos continuar?"

A resposta do pastor lhe deu alento naquele período sombrio: "Deus não chega antes da hora, mas também nunca chega tarde".

Logo após essa conversa, a empresa de Mike foi vendida, e as mudanças feitas pelos novos executivos deram a Mike o impulso necessário para, com fé, dar o próximo passo e fazer a transição para seu novo papel no nosso ministério, no qual ele foi um servo incrível e um recurso importante para a equipe de liderança.

Pouco depois, o Senhor confirmou Seu compromisso de sustentar a família de maneira surpreendente e edificante. Seu filho mais velho, Brian, tirou um ano sabático depois do ensino médio, servindo em um hospital missionário em Bangladesh. Ele estava se preparando para ingressar na faculdade quando Mike entrou no ministério.

Brian havia se candidatado em apenas uma escola, uma faculdade cristã de artes que ele desejava muito frequentar, visando preparar-se para ensinar internacionalmente. Com a renda reduzida de Mike, essa escola parecia, agora, financeiramente fora de questão. Porém, um mês antes do início das aulas, Cris recebeu um telefonema da faculdade informando que uma nova bolsa de estudos havia sido criada para alguém que desejasse ser professor, pedindo permissão para submeter o nome de Brian para ser avaliado.

Brian não havia se candidatado à bolsa. Ele nem sabia de sua existência. É claro que a família deu permissão! Uma semana depois, Chris recebeu outra ligação informando que seu filho fora escolhido. A bolsa era integral e para todos os quatro anos de faculdade. Tudo pago integralmente.

Mike contou que, quando Chris ligou para transmitir--lhe a notícia, ele chorou ao telefone como uma criança, louvando a Deus por essa provisão logo no início de sua nova jornada de fé.

O suprimento de Deus para Mike e sua família ao longo desses anos todos nem sempre foi tão dramático, mas sempre esteve presente quando necessário. A certa altura, por exemplo, sabendo que não teriam fundos para contratar quem fizesse consertos em casa, e não sendo muito habilidoso, Mike colocou a situação diante de Deus: "Senhor", ele orou, "estou disposto a tentar consertar qualquer coisa, mas preciso que o Senhor me mostre como, me dê os recursos certos, e me ajude a aprender". (Isso foi antes de haver vídeos no *YouTube* ensinando a fazer de tudo!)

Depois disso, sempre que surgia uma necessidade, fosse trocar pneus, consertar portas de garagem, consertar a parte elétrica ou vazamentos no encanamento, substituir pisos ou reformar a cozinha, Deus levava pessoas para ajudar ou orientar Mike aos livros de instrução na biblioteca, possibilitando que sua família vivesse dentro do orçamento.

A provisão continuou ao longo do tempo. Os outros dois filhos de Mike e Chris também se formaram em faculdades cristãs com uma dívida mínima. E mais tarde, com os filhos já adultos, o Senhor providenciou uma maneira de Chris obter seu diploma de enfermagem, criando uma fonte adicional de renda para a família.

Chris compartilhou conosco o impacto que essa jornada teve em seus filhos, agora adultos e com suas próprias famílias. Ela disse: "Os três são muito econômicos e não são compradores compulsivos; eles se contentam e estão felizes com o que têm".

Agora, já se aproximando dos 70 anos, Mike e Chris estão pisando em terreno desconhecido em termos de aposentadoria. Como fizeram por todos esses anos, eles elevam os olhos para o Pai celestial, pedindo e confiando em Sua provisão. "Podemos descansar, sabendo que Ele já nos sustentou antes e que o futuro está em Suas mãos."

Quando fomos conversar com Mike e Chris sobre este livro, eles disseram: "Não achamos que a nossa história seja merecedora de atenção. E, de fato, tudo que temos passado parece supernormal quando você vive um dia de cada vez!"

Eles concluíram: "Nossa história diz muito sobre o nosso Deus".

Não é esse o principal objetivo de cada uma de nossas histórias? Que confiemos nEle — na fartura ou na escassez, tendo muito ou pouco dos bens deste mundo — para que aqueles ao nosso redor possam exclamar: "Olhe como o Deus deles é fiel, como Ele provê!"

Não é esse o principal objetivo de cada uma das nossas histórias? Que confiemos nEle — na fartura ou na escassez, tendo muito ou pouco dos bens deste mundo — para que aqueles ao nosso redor possam exclamar: "Olhe como o Deus deles é fiel, como Ele provê!"

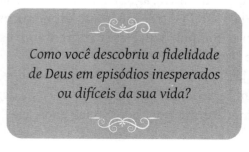

Como você descobriu a fidelidade de Deus em episódios inesperados ou difíceis da sua vida?

7

Resgatadas

A HISTÓRIA DE NOEMI E RUTE

> A nossa percepção raramente é a realidade.
> Aquilo que parece ser e o nosso sentimento sobre
> determinada situação muitas vezes nos levam a achar
> que o Todo-poderoso está sendo muito duro conosco.
> Porém, o tempo todo Ele está trabalhando
> em nós e em quem nos cerca, com mais apreço
> do que podemos imaginar.[1]
>
> *Jon Bloom*

A época dos juízes do Antigo Testamento foi sombria. A perversão espiritual e moral estava profundamente arraigada e ia consumindo a alma da nação de Israel. O povo escolhido de Deus rejeitou Aquele que, com poder, os resgatara do Egito e os estabelecera na terra de Canaã. Prevaleciam

---

[1] BLOOM, Jon. "When it seems like God did you wrong", *Desiring God*, 25 de abril de 2014, https://www.desiringgod.org/articles/when-it-seems-like-god-did-you-wrong.

o caos e a anarquia. Violência e atrocidades inimagináveis e indizíveis eram cometidas com impunidade, e as pessoas tinham medo de sair de casa. O nível era tal, que até os responsáveis pela segurança dos cultos coletivos eram corruptos e facilmente subornados.

Nesse cenário tenebroso, descobrimos uma passagem encantadora escondida nas Escrituras: a história de duas mulheres pobres que encontram graça, redenção e esperança nos campos de cereais de um parente rico. É uma história extraordinária. Ainda mais vista do nosso tempo, na era DC (Depois de Cristo) ou AD (*Anno Domini*, o ano do nosso Senhor), em vez de AC (Antes de Cristo) em que eles viviam. Nós podemos enxergar de forma diferente e ampla, e não só como eles a viam. Sabemos que aquele episódio foi uma pequena parte de uma história muito maior que estava sendo escrita por Deus.

O elenco era composto por uma pequena família judia, na qual se encontravam as seguintes personagens: um marido e pai chamado Elimeleque, uma esposa e mãe chamada Noemi, e seus dois filhos Malom e Quiliom. Na primeira cena, nós os encontramos fugindo da fome em sua terra natal. Eles acabaram encontrando refúgio na terra de Moabe. No entanto, o que eles acharam que seria apenas um período de curta permanência acabou se transformando em uma longa década de sofrimento, agravado pelo fato de estarem em uma terra estrangeira, o que acabou superando em muito o sofrimento que haviam deixado para trás em Israel.

Elimeleque foi o primeiro a morrer. Após um tempo, Malom e Quiliom se casaram com mulheres locais, Orfa e Rute, trazendo noras para a viúva Noemi, o que lhe ofereceu certo consolo. Porém, ocorreu algo que normalmente seria considerado improvável: os filhos da viúva também morreram, deixando mais duas viúvas.

Ao ouvir as notícias de que a fome em sua terra finalmente havia terminado, a viúva mais velha anunciou às duas noras que voltaria para casa. E pediu que ambas ficassem com seu próprio povo em Moabe e encontrassem novos maridos.

A cena foi banhada em lágrimas. As três mulheres se amavam muito e sabiam que esse adeus seria para sempre. Finalmente, Orfa resolveu seguir o conselho de Noemi.

Rute, porém, recusou-se a deixá-la. Abraçando-a fortemente, prometeu amor e lealdade por toda a vida, dizendo as inesquecíveis palavras: *Onde a senhora for, eu irei; e onde morar, eu também morarei. O seu povo será o meu povo, e o seu Deus será o meu Deus* (Rt 1.16).

Noemi, então, concordou. Com Rute ao seu lado, ela deu as costas a Moabe.

A história da perda catastrófica experimentada por Rute e Noemi pode parecer lenda, mas é verdadeira. É também um relato fantástico da proteção, provisão e cuidado providencial de Deus, assim como um lembrete de Sua capacidade de anular e redimir as perdas resultantes de viver neste mundo caído e destruído.

Deus usou a perda do marido e dos filhos de Noemi para conduzi-la de volta à cidade de Belém, onde seria escrito o próximo capítulo de sua história. Em Sua bondosa Providência, Deus a guiou no tempo exato, pois ela e Rute *chegaram a Belém quando a colheita da cevada estava começando* (Rt 1.22). E isso foi apenas o começo. Deus atenderia às necessidades de Noemi e de Rute de formas que elas jamais poderiam imaginar.

Depois de chegarem e se estabelecerem em Belém, Rute, a viúva mais nova, partiu em busca de meios para sustentar a sogra.

A melhor opção encontrada foi tornar-se uma catadora de espigas, recolhendo aquelas que caíam ao chão depois que os ceifeiros faziam o seu trabalho.

> *Então Rute foi ao campo e andava atrás dos*
> *trabalhadores, catando as espigas que caíam.*
> *E por acaso ela entrou numa plantação que era*
> *de Boaz, um parente de Elimeleque* (Rt 2.3)

"*E por acaso...*" Era exatamente isso que pareceria se olhássemos somente da perspectiva terrena. A busca de emprego dessa mulher pobre aconteceu "por acaso" para levá-la a trabalhar para um rico proprietário de terras, que também "por acaso" era parente de seu falecido sogro... e que, através de um antigo arranjo legal, também "por acaso", poderia se tornar seu marido e provedor pelo resto da vida de Rute e Noemi.

Uma feliz coincidência? Dificilmente!

Um golpe de sorte? De jeito nenhum!

Essa é a história de um Deus atento e ativo, que sabe quando um pardal cai ao chão, que conhece o número de cabelos da nossa cabeça e o número de estrelas existentes no universo. Um Deus que ordena e comanda todos os detalhes da nossa vida, do menor até o maior.

E essa é uma narrativa da maravilhosa Providência divina.

Essa é a história de um Deus atento e ativo, que sabe quando um pardal cai ao chão, que conhece o número de cabelos da nossa cabeça e o número de estrelas existentes no universo. Um Deus que ordena e comanda todos os detalhes da nossa vida, do menor até o maior. E essa é uma narrativa da maravilhosa Providência divina.

Deus estava trabalhando e escrevendo a história dessas duas mulheres. Como toda narrativa, essa também teve suas guinadas inesperadas e momentos em que a situação parecia insolúvel. Pelas normas culturais da época, Rute teria sido desprezada por ser de uma etnia estrangeira e acabaria humilhada por ser uma trabalhadora braçal. (Os catadores estavam no mais baixo nível da hierarquia social.) Ela não tinha absolutamente nada a oferecer ao bem-sucedido Boaz.

No entanto, nenhuma dessas difíceis realidades poderia impedir a ação da Providência divina. Essa história estava sendo habilmente trabalhada pela invisível mão de Deus.

Em meio à sua desgraça, Noemi e Rute demonstraram duas visões diferentes de Deus. Noemi viu Deus como seu antagonista — como a fonte de sua miséria:

Será que vocês iriam esperar até que eles crescessem para vocês casarem com eles? É claro que não, minhas filhas! O SENHOR está contra mim, e isso me deixa muito triste, pois vocês também estão sofrendo. Porém ela respondia: — Não me chamem de Noemi, a Feliz. Chamem de Mara, a Amargurada, porque o Deus Todo-Poderoso me deu muita amargura. Quando saí daqui, eu tinha tudo, mas o SENHOR me fez voltar sem nada. Então, por que me chamar de Feliz, se o Deus Todo-Poderoso me fez sofrer e me deu tanta aflição? (Rt 1.13, 20,21)

Rute, por outro lado, via Deus como seu Protetor — alguém em quem podia confiar, mesmo quando não via ou entendia o que Ele estava fazendo. Boaz, que tinha ouvido falar do que ela havia feito por Noemi, elogiou sua fé:

Que o SENHOR a recompense por tudo o que você fez. Que o SENHOR, o Deus de Israel, cuja proteção você veio procurar, lhe dê uma grande recompensa. (Rt 2.12)

A confiança de Rute não estava em Boaz, mesmo ele sendo tão generoso e cavalheiro. Ela contemplava além dele, o próprio Deus, em busca de segurança e abrigo, de proteção e provisão. E Ele não falhou com ela nem com sua sogra, Noemi.

Há muitas gerações, Deus já havia designado formas para que Seu povo pudesse ajudar os familiares necessitados. A lei do levirato estipulava que, se a terra de um judeu lhe fosse tomada, um parente próximo poderia comprar a terra de volta e restaurá-la ao proprietário original. Da mesma forma, se um homem casado morresse sem filhos, o parente vivo mais próximo — chamado de parente-resgatador — tinha o dever de se casar com a viúva, sustentá-la, gerar filhos para o falecido, perpetuar o nome e manter a herança e as terras da família.

Encorajada por sua sogra, que tinha conhecimento dessa lei e sabia que Boaz era um parente próximo de seu falecido marido, Rute se aproximou de Boaz e pediu que ele exercesse o papel de resgatador para com a família de Elimeleque. Sendo um homem de bem, Boaz concordou prontamente. No entanto, ele disse a Rute que havia outro parente, ainda mais próximo que ele e, de acordo com a lei do levirato, esse outro parente é que tinha o direito e a responsabilidade de atuar como resgatador.

Boaz, porém, assegurou a Rute que ele lidaria com a situação e que, de uma maneira ou de outra, ela teria a proteção de um resgatador.

Enquanto isso, Noemi, que finalmente estava aprendendo a confiar na fidelidade de Deus e em Sua magistral habilidade de escrever histórias, aconselhou Rute: *Agora, minha filha, tenha paciência e espere para ver o que vai acontecer. Pois Boaz não vai descansar enquanto não resolver esse assunto, ainda hoje* (3.18).

Que sábio conselho! Devemos também aplicá-lo nos nossos momentos de perplexidade e perante todo e qualquer suposto beco sem saída com que depararmos. *"Espere para ver o que vai acontecer.* Cristo — 'nosso Boaz celestial' — está trabalhando e *não vai descansar enquanto não resolver esse assunto* da maneira que melhor atenda às suas necessidades e demonstre a Sua glória."

Boaz foi até o portão da cidade, local onde negócios eram realizados, anúncios eram publicados e questões legais eram resolvidas. Logo chegou o parente do qual havia falado. Depois de reunir um grupo de anciãos da cidade como testemunhas, Boaz explicou a situação ao homem, dizendo algo como: "Noemi voltou de Moabe. Você é o parente mais próximo e tem o direito de resgatar a terra da família. Eu sou o próximo depois de você. Se você quiser exercer esse direito, ótimo. Se não, me diga e eu cuidarei disso".

Sem hesitar, o homem respondeu:

— Sem dúvida! Ficarei feliz em comprar as terras.

— Tudo bem — disse Boaz. — Porém, há mais uma coisa: Rute, a moabita, "faz parte do pacote".

— Quando você resgatar a propriedade de Elimeleque, ela se tornará sua esposa. Os filhos que ela tiver com você terão o sobrenome de Elimeleque e todos os direitos à sua herança.

— Hum... pensando bem — disse o redentor. — Hum... Eu não posso fazer isso, pois prejudicaria o meu patrimônio. Vá em frente e assuma o meu lugar.

> Aí Boaz disse às autoridades e a todo o povo: — Hoje vocês são testemunhas de que eu comprei de Noemi tudo o que era de Elimeleque, e de Quiliom, e de Malom. Também casarei com Rute, a moabita, viúva de Malom, para que a propriedade continue com a família do falecido. Assim o nome de Malom será sempre lembrado no meio deste povo e na sua cidade natal. Hoje vocês são testemunhas disso. (Rt 4.9,10)

Que boas notícias — que notícias maravilhosas — não apenas para Rute, mas também para Noemi! Tudo o que pertencia a Elimeleque, e tudo o que pertencia aos filhos dele, seria, a partir de então cuidado por quem havia pagado a dívida. Rute, a viúva, seria agora esposa. O nome da família do marido seria preservado, e Noemi seria resgatada da pobreza.

Quem poderia ter realizado essa mudança nos eventos? Somente o nosso grande Deus, o Redentor, que orquestrou toda a sequência das circunstâncias do início ao fim.

E havia mais!

Quem poderia ter realizado essa mudança nos eventos? Somente o nosso grande Deus, o Redentor, que orquestrou toda a sequência das circunstâncias do início ao fim.

Uma vez que o casamento de Rute com Boaz fosse selado, Rute teria um filho chamado Obede. Obede por sua vez teria um filho chamado Jessé, e Jessé teria um filho chamado Davi, que se tornaria rei de Israel e de Judá. Catorze gerações mais tarde, um dos descendentes de Davi teria um filho chamado Jesus — o Resgatador de toda a humanidade!

Por mais angustiantes que tivessem sido as calamidades experimentadas por Rute e Noemi, elas não foram definitivas. Creio que por vezes, essas mulheres enlutadas sentiram que sua história havia terminado. Porém, suas perdas prepararam o terreno e forneceram uma plataforma para que Deus continuasse escrevendo Sua História de redenção, como Ele faz em todas as nossas perdas e sofrimento.

E, através do generoso benfeitor e herói, Boaz, podemos encontrar o nosso definitivo Salvador, Redentor e Marido.

8

Você pode confiar em Deus na enfermidade

Deus nunca desperdiça o sofrimento de seus filhos.[1]
Amy Carmichael

Anos atrás, quando ainda era um estudante universitário, eu (Robert) trabalhava para um empreiteiro pequeno. (Não estou querendo dizer que meu chefe fosse baixinho, mas, sim, que eu era seu único empregado!) Ele tinha muitas habilidades e, entre elas, Richard Whitmer podia assentar tijolos com a precisão de um dentista. Ocorre que ele era muito econômico para alugar uma empilhadeira que levantasse os paletes de tijolos e a argamassa pesada e molhada até os andaimes mais altos. Além disso, ele não precisava desse tipo de equipamento. Ele tinha a mim!

Outra das minhas tarefas, naquela época, era colocar as pranchas nos andaimes para que meu chefe pudesse ter

---

[1] CARMICHAEL, Amy. "Tender toward others", *KJV Devotional Bible*. Peabody, MA: Hendrickson Bibles, 2011, p. 1486 (Hebreus 12.15).

onde pisar. Elas eram longas e muito pesadas, consequentemente difíceis de serem carregadas. Aquelas tábuas eram velhas e desgastadas, e creio que pertenciam ao meu chefe havia muitos anos. Naquela época, não se usavam luvas de trabalho.

Então, um belo dia, eu estava carregando aquelas madeiras antigas e gastas, sem luvas... Dá para imaginar o que aconteceu, não é? Exatamente! Lascas — alguns as chamam de farpas, mas, seja como for, elas doem muito — e viviam entrando em minhas mãos.

"Ai!", eu gritava e puxava minha mão para trás. Sabendo o que acabara de acontecer, Richard já pegava seu canivete. Ainda o vejo abrindo aquela lâmina brilhante com a unha do polegar e "esterilizando-a" ao limpá-la nas calças. Também me lembro da dor que sentia quando Richard tentava extrair aquelas minúsculas partículas de madeira.

Nunca soltei um som sequer. Trabalhador que se preza não se queixa de nada... Mas, acredite, eu sentia muita dor.

Se uma pequena lasca temporária me dava tanto desconforto, o que o apóstolo Paulo deve ter sentido sobre o "espinho" que constantemente feria sua carne? Ele escreveu sobre isso em 2Coríntios 12.7 (NVI): *Para impedir que eu me exaltasse por causa da grandeza dessas revelações, foi-me dado um espinho na carne, um mensageiro de Satanás, para me atormentar.*

Não sabemos exatamente o que era o espinho na carne de Paulo, embora haja muita especulação a respeito. Talvez fosse uma doença física crônica ou algum outro tipo de aflição constante. Sabemos, porém, que não era algo que pudesse ser retirado pelo canivete sujo de alguém, nem por algum outro meio humano. O que sabemos é que o problema de Paulo não era simples. De fato, a palavra grega

VOCÊ PODE CONFIAR EM DEUS NA ENFERMIDADE

traduzida por "espinho" nessa passagem refere-se a um pedaço de madeira pontiagudo, ou a uma estaca afiada com a qual alguém poderia ser empalado.[2] E essa lasca não era nada pequena! Seja qual for o tamanho, quando está diante de um espinho espetado na carne, você só consegue ficar pensando nele. Ele incomoda tanto quanto uma semente de morango presa entre dois dentes. Tudo que queremos é nos livrar deles o mais rápido possível.

Mas... e se você não puder fazê-lo? E se o espinho for uma enfermidade devastadora — ou terminal? Ou, pior, e se não for você quem está sofrendo, mas seu filho? Ou seu cônjuge? E aí? Tendo caminhado com minha falecida esposa, Bobbie, pela jornada do câncer, esse quesito de confiar em Deus em meio à doença é muito pessoal para mim. No Dia dos Namorados de 2012, Bobbie submeteu-se a uma cirurgia, pois seu médico suspeitara da existência de um câncer de ovário. A nossa filha Missy esperou ao meu lado que o cirurgião saísse da sala de operações e nos desse o relatório. O diagnóstico nos deixou passados: câncer de ovário, estágio quatro. Aquele momento surreal mudou a nossa vida para sempre. Nos trinta e dois meses seguintes, a nossa rotina foi alterada com um sem-número de consultas, exames e tratamentos. Certamente não foi um capítulo que teríamos escolhido para a nossa história, mas não há dúvida de que foi determinado para nós pelo nosso sábio e amoroso Pai.

---

[2] *Blue Letter Bible Lexicon*, s.v. skolops (Strong's G4647), *site Blue Letter Bible*, versão 3, https://www.blueletterbible.org/lang/lexicon/lexicon.cfm?Strongs=G4647&t=ESV.

A doença de Bobbie certamente não foi um capítulo que teríamos escolhido para a nossa história, mas não há dúvida de que foi determinado para nós pelo nosso sábio e amoroso Pai. (Robert)

Quase todos os domingos de manhã na igreja, somos lembrados: e se fosse o seu cônjuge? Do outro lado do corredor estão sentados **Ron e Jane Baker**. Ron é médico aposentado, e Jane é sua sorridente esposa. Por muitos anos, ambos serviram como missionários da área médica em Serra Leoa, na costa oeste da África, onde os pais de Ron também foram missionários.

Ron e Jane costumam chegar ao culto um pouco mais tarde do que nós; então, a imagem dele conduzindo gentilmente sua querida esposa ao lugar "deles" é uma visão bem familiar. Embora Ron provavelmente sempre tenha sido um cavalheiro com Jane, e os dois tenham sempre andado de mãos dadas, hoje Ron não tem escolha. Trinta e poucos anos atrás, Jane foi diagnosticada com uma doença ocular degenerativa incurável, com progressão para a cegueira. Hoje ela é considerada uma pessoa cega funcional. E o sempre amável dr. Baker é, literalmente, seu guia.

Perguntamos a Ron como ele conseguiu evitar ficar ressentido quando o Senhor escreveu uma história diferente da que ele teria escolhido. Ele foi rápido em responder:

> O Senhor tem sido tão bom para nós e tem usado a perda visual de Jane para ajudar tantas pessoas que não me lembro de a palavra "ressentimento" ter sequer passado pela minha cabeça. É um privilégio poder ajudá-la, especialmente quando penso em como ela apoiou e serviu ao Senhor (e a mim) todos esses anos na África. Eu estava no meu ambiente, pois voltei para "casa" onde cresci, mas para ela foi um sacrifício servir fielmente ao Senhor lá.

Cada vez que vemos a chegada desses "dois santos" aos domingos pela manhã, somos lembrados do que significa confiar em Deus "na saúde e na doença".

LeRoy e Kim Wagner são, há muitos anos, amigos queridos de Nancy. Durante grande parte de sua vida, LeRoy tem sido um pastor bivocacionado — no púlpito aos domingos e motorista de caminhão durante a semana. Kim é autora, palestrante, mãe e avó.

No verão de 2017, os Wagners nos visitaram na nossa casa em Michigan. Depois do jantar, quando nos sentamos e conversamos na varanda, eles nos atualizaram sobre alguns problemas de saúde com os quais LeRoy vinha lutando. Nesse ponto, os exames realizados ainda não tinham fechado nenhum diagnóstico para seus graves e persistentes sintomas.

Um ano depois dessa visita, a doença avançara muito rapidamente.

Ouvimos pelo viva-voz enquanto esses amigos descreviam os últimos meses da deterioração da saúde de LeRoy — intermináveis consultas médicas, exames caríssimos com resultados inconclusivos e, acima de tudo, uma implacável, torturante e entorpecente dor.

Embora não tivessem chegado a um diagnóstico preciso, aparentemente LeRoy estava sofrendo de uma doença neurológica rara na qual o seu sistema imunológico atacava a medula espinhal. A bainha de mielina (capa de tecido adiposo) que fica ao redor da medula espinhal havia sido destruída, causando dor nos nervos e a sensação de que uma de suas pernas estava pegando fogo — "como a pior queimadura de sol que se pode ter" — e isso diuturnamente. Às vezes, a sensação da "queima" e os espasmos das pernas se intensificavam a tal ponto que ele mal conseguia respirar. Kim sussurrava amorosamente:

— Respire, LeRoy, respire.

— Eu não pensei que uma pessoa poderia viver com tanta dor — ela nos contou.

LeRoy admitiu lutar contra o desespero. Ele disse que, às vezes, era muito difícil conciliar o fato de que Deus é soberano e bom com o que ele estava passando.

— Ao mesmo tempo — ele disse —, a soberania de Deus é exatamente o que me ampara e sustém, e sei que Ele não erra e tem um propósito e um plano para tudo isso.

O que LeRoy faz diante do desespero?

— Eu choro muito — ele confessou. — As lágrimas são amigas.

Ele continuou: — Começo a pensar na bondade de Deus e em como Ele tem sido bom para nós. Acalmo meu coração, examinando as verdades das Escrituras. Em alguns dias, esse exercício me ajuda a tirar o foco da dor. Em outros, a dor é tão intensa que tudo o que posso fazer é clamar pelo Senhor.

As perdas e a dor eram reais. Esse casal, no entanto, queria que as pessoas soubessem que a presença de Deus havia sido igualmente real, mesmo que Ele não tivesse interrompido o sofrimento ou lhes dado uma explicação do motivo pelo qual Ele permitia que passassem por isso. "Não sabemos como isso vai acabar. E talvez nunca saibamos o motivo de Ele fazer o que faz, mas sabemos que Ele é bom e continuamos confiando nEle", disse LeRoy.

— Há momentos em que você gostaria que fosse terminal? — Robert perguntou gentilmente depois de ouvir que nosso amigo estava vivendo uma eterna angústia física.

— Sim, eu gostaria! Muitas vezes, desejei que o Senhor me levasse em vez de continuar nessa condição — LeRoy respondeu.

— Às vezes, acho que é mais fácil morrer por Cristo do que viver por Ele em meio a dores crônicas. Eu preferiria estar no céu. Mas meu objetivo é agradá-Lo e honrá-Lo. Nada se compara ao que Ele passou por mim.

Deixando o que acabara de dizer inundar seu próprio coração, LeRoy refletiu: — Creio que confiar na suficiência de Cristo é o que o sofrimento a longo prazo significa na vida de um cristão.

Kim entrou em cena, confirmando a fidelidade do Senhor durante toda essa provação. Desde o início, quando LeRoy começou a declinar fisicamente, ela sentiu o Senhor lembrando-a de que não os abandonaria. E Ele não o fez.

— Ele sempre esteve muito perto — Kim assegurou. — Seu amor e seu cuidado foram demonstrados de várias maneiras.

LeRoy ficou emocionado ao falar sobre como toda a experiência que atravessavam tinha servido para deixá-los mais humildes.

> *Creio que confiar na suficiência de Cristo é o que o sofrimento a longo prazo significa na vida de um cristão.*
>
> (LeRoy Wagner)

Ter homens de 85 anos abrindo a porta para mim me faz sentir fraco e desajustado. Então, me lembro da promessa do Senhor ao apóstolo Paulo sobre seu espinho na carne: *A minha graça te basta, porque o meu poder se aperfeiçoa na fraqueza* (2Co 12.9, ARA).

Então, melancolicamente, Kim mencionou uma bênção que surgiu dessa difícil situação:

> Como ele fica o tempo todo completamente imóvel em sua cadeira, passamos muito tempo orando juntos. Isso é uma alegria. Não tínhamos tanto tempo antes para isso.

Quando nossa conversa estava terminando, LeRoy acrescentou um pensamento final. Embora sua voz fosse fraca, a mensagem veio alta e clara:

> Quando você está com muita dor, e tudo foi retirado de suas mãos, você ainda pode orar, ainda pode adorar e ainda pode amar as pessoas ao seu redor. Essas três coisas jamais lhe poderão ser tiradas.

Isso é poderoso!

Quando encerramos a ligação com esses dois amigos queridos, Nancy se virou para mim e verbalizou o que nós dois estávamos sentindo:

Os Wagners estão de luto por terem sido afastados do ministério que exerciam. Porém, o que eles estão fazendo agora — suportando, orando, sofrendo — é o ministério que Deus tem para eles neste momento. E acabamos de ser abençoados por esse ministério.

Enquanto escrevíamos este livro, eu (Nancy) segui a dura jornada da blogueira **Colleen Chao** através de vários *e-mails* por ela enviados a amigos e intercessores de oração (que preciosidade!), e, além disso, também utilizei *e-mails* que eu, pessoalmente, troquei com ela.[3]

Ao longo dos anos, Colleen teve de confiar em Deus através de vários capítulos difíceis que vêm compondo a sua história. Aos 19 anos, com a cabeça cheia de sonhos e a sensação de estar no controle, Colleen foi surpreendida por sua primeira luta com uma depressão profunda. Muitos episódios dolorosos de ansiedade e depressão ocorreriam nas próximas duas décadas, incluindo ataques de pânico e longos períodos de dor emocional incapacitante.

Um desejo profundo, e não realizado, de se casar constituiu outro capítulo.

---

[3] As citações nesta seção foram copiadas de *e-mails* da Colleen e são usadas com permissão.

Ao longo dos anos, ela comemorou casamentos e nascimentos de bebês de dezenas de seus amigos, enquanto atravessava, em silêncio, sua própria tristeza.

Mas foi exatamente em meio à depressão, ansiedade e solidão que a minha compreensão sobre a bondade e o poder de Deus me inundaram. Ele me abençoou de maneiras imprevisíveis, enquanto eu via meus sonhos se transformarem em cinzas.

Sendo "livre e solteira", Colleen começou a servir ao Senhor no exterior. Só que, em virtude de doenças físicas prolongadas e debilitantes, esse sonho também terminou. Quando tinha 30 e poucos anos, Colleen finalmente conheceu e se casou com o tão esperado marido. E logo ela deu à luz um lindo menino. Porém, as alegrias do casamento e da maternidade foram embaçadas quando seu filhinho acabou tendo vários problemas de saúde. Ela escreveu: "Uma coisa era suportar a minha doença; outra coisa era ver meu filho sofrer!"

Por mais espantoso que parecesse, uma década de enfermidades — tanto do filho quanto dela — produziu uma "obra árdua, mas gloriosa" no coração de Colleen.

O pânico cessou, e a cada nova dificuldade vinha uma experiência mais profunda e mais alegre com Cristo. Passei a amá-Lo e conhecê-Lo como nunca! Experimentei o poder do Espírito Santo na minha vida. E aprendi que, quando caminhamos mais perto dEle, é que o verdadeiro ministério acontece — mesmo que seja diferente do que pensamos que seria.

VOCÊ PODE CONFIAR EM DEUS NA ENFERMIDADE   131

No verão de 2017, Colleen finalmente começou a ter algum alívio físico. Parecia que a restauração de sua saúde se aproximava. Ela e o marido ficaram gratos com a expectativa de poderem retornar a um ministério mais ativo e livre das limitações de uma enfermidade prolongada. Fazia apenas algumas semanas que Colleen usufruía dessa saúde recém-descoberta quando percebeu um nódulo no seio direito. Ela se lembra exatamente daqueles primeiros momentos de pânico: "E se...?", "Por que, Senhor?"

Enquanto esperava o diagnóstico, Colleen orava diariamente, e seu coração foi se acalmando diante do Senhor. Ela foi encorajada ao considerar a perspectiva de Deus para a jornada que estava prestes a iniciar:

> Você tem tudo o que precisa para atravessar essa fase de incertezas, Colleen? Será ou não um câncer? Serão boas, ou más notícias? Estou orquestrando tudo, conheço o fim e sei que é uma boa história. Um capítulo glorioso, envolvente, digno de louvor, de honra e duradouro. Minha caneta não resvala. Eu sou o Grande Historiador e Contador de Histórias, e você está segura em meus braços, enquanto escrevo a sua história.

Foram necessárias catorze semanas até obter um diagnóstico. Colleen tinha uma forma agressiva de câncer de mama chamada carcinoma ductal invasivo (CDI). Ela chorou durante uma semana inteira depois de receber a notícia. Na sequência de uma década de enfermidade crônica, "eu estava esgotada e me perguntando se o câncer não seria demais para mim".

No entanto, enquanto continuava clamando por Cristo, Colleen percebeu que Deus estava lhe dando um "presente"

— o presente de uma comunhão mais profunda com Ele — apesar da embalagem.

No ano passado, Deus nos deu um presente bem pesado, um belo sofrimento... E que presente! Como posso descrever a afetuosidade de Cristo e de Seu povo em meio à agressividade do câncer?

Quinze meses depois, Ele continua nos surpreendendo e provando que Seus caminhos não são os nossos, e que Seu reino vira nossas expectativas de cabeça para baixo. Ele nos liberta dos nossos ínfimos sonhos míopes e diz: "Olhe isso". E o meu queixo continua caindo com os milagres que Ele realiza quando simplesmente dizemos: "Eu confio em Ti... não importa o que aconteça!"

É um verdadeiro milagre testemunhar o coração de uma mulher — que passou por inúmeras consultas, exames, cirurgias e tratamentos — ainda levantar os olhos ao Pai e dizer: "Eu confio em Ti, independentemente dos 'presentes' que possas me dar". Que preciosidade!

É um verdadeiro milagre testemunhar o coração de uma mulher — que passou por inúmeras consultas, exames, cirurgias e tratamentos — ainda levantar os olhos ao Pai e dizer: "Eu confio em Ti, independentemente dos 'presentes' que possas me dar". Que preciosidade!

Como vimos, já é difícil confiar em Deus quando você recebe um diagnóstico indesejado. No entanto, isso pode se tornar ainda mais difícil quando se aplica a quem você ama — quando você precisa confiar nEle para escrever a história de outras pessoas. Uma matéria opinativa escrita por um dos clientes de Robert, Joshua Rogers, e publicada por uma grande agência de notícias chamou nossa atenção enquanto escrevíamos este capítulo. A manchete dizia: "Meu sobrinho, um pequeno bebê, estava morrendo, mas a reação de sua mãe foi inesquecível".[4]

O sobrinho de Joshua, Canaan, tem síndrome de Down. Ele também sofre de uma doença digestiva que custou a ser diagnosticada, mas que pode ser fatal em crianças como ele. Certa tarde, quando tinha apenas 7 meses, o bebê ficou totalmente apático, o que fez que seus preocupados pais, Caleb e Rebecca, o levassem à emergência. Lá chegando, Canaan estava tendo um choque séptico. Seu estado era muito grave.

Joshua relata a comovente cena ocorrida na área de espera enquanto a equipe médica tentava freneticamente estabilizar o bebê:

> Ali mesmo na sala de emergência, Rebecca fez algo notável. Ela se ajoelhou e disse: "Deus, eu Te adoro neste momento.

---

[4] ROGERS, Joshua. "My baby nephew was dying and his mother's response was unforgettable", *Fox News*, 14 de julho de 2018, http://www.foxnews.com/opinion/2018/07/14/my-baby-nephew-was-dying-and-his-mothers-response-was-unforgettable.html.

Não importa o que aconteça, Tu continuas sendo Deus. Tu continuas sendo bom".[5]

Enquanto a equipe médica e a enfermagem rodeavam o bebê tentando mantê-lo vivo, uma mãe extremamente sensibilizada se prostrou em adoração diante de seu Pai celestial. Rebecca podia confiar que Ele estava escrevendo uma história sobre a qual ela não tinha absolutamente nenhum controle. Canaan foi colocado em suporte de vida, mas os médicos não esperavam que ele sobrevivesse. Nas semanas seguintes, milhares de pessoas em todo o mundo se uniram para pedir a Deus em favor do menino. Pela misericórdia de Deus, sua vida foi poupada, mas ele continuou a enfrentar grandes desafios físicos. A jornada dessa família não foi e, provavelmente, nunca será fácil. Mas eles continuam com o compromisso de confiar em Deus no que diz respeito à vida de Canaan. Como a matéria conclui:

> Somente Deus pode nos dar a graça de acreditar contra a esperança, quando parece que nenhum milagre será realizado; no entanto, quando Ele atua dessa forma, o resultado em si é um verdadeiro milagre. É o que nos dá forças para, como minha cunhada, nos curvar na escuridão e declarar: "Deus, eu te adoro neste momento. Não importa o que aconteça, Tu continuas sendo Deus. Tu continuas sendo bom".[6]

[5]Ibid.
[6]Ibid.

Esse tipo de fé produzida pela graça, especialmente em meio à escuridão da noite, é simplesmente deslumbrante. Quando Seus filhos oferecem uma adoração tão sofrida como a de Rebecca naquela sala de espera, e como as de nossos amigos Ron e Jane Baker, LeRoy e Kim Wagner e Colleen Chao, a História de Deus continua a ser anunciada àqueles que não a ouviriam de outra maneira. E uma coisa é certa: os céus aplaudem quando Seus filhos queridos aqui na terra reconhecem que Ele é digno de louvor.

Aconteça o que acontecer!

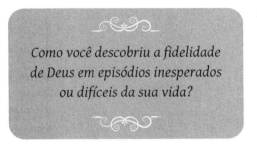

Como você descobriu a fidelidade de Deus em episódios inesperados ou difíceis da sua vida?

9
Você pode confiar em Deus quando pecam contra você

> Deus está trabalhando no coração daqueles
> que nos prejudicaram tanto quanto está trabalhando
> no nosso próprio coração [...]. A justiça de Deus é
> segura e infalível, pois é a justiça do amor.
>
> Eric Liddell[1]

A tristeza de **Winona**[2] era expressa em muitas páginas de seu diário. Depois que finalmente veio à tona um antigo segredo — de que ela, por doze anos, havia sido molestada sexualmente por uma pessoa que a discipulava enquanto jovem, alguém em quem ela confiava —, uma torrente de emoções explodiu.

---

[1] LIDDELL, Eric. *The disciplines of the christian life*. London: SPCK Publishing, 2009, p. 121-122.
[2] Todos os nomes neste capítulo foram alterados, bem como detalhes que possibilitassem sua identificação.

Agora todos sabem. Acabaram ouvindo pelo menos uma versão da história. Mas ninguém sabe o que senti com a mão dele na minha cabeça ou a sensação de pânico quando ele estava por cima de mim, determinado a conseguir o que queria, enquanto eu me contorcia, o empurrava, argumentava e implorava que parasse.

Ninguém sabe das lágrimas, do desespero e do silêncio entre mim e Deus enquanto eu tentava conciliar as ações desse "servo do Senhor", o meu desejo de que isso não acontecesse, a minha participação nelas e a visão de Deus sobre mim. A maioria dos meus anos como cristã foi caracterizada por essa confusão... o pânico daquela mão por trás da minha cabeça, a perda de mais de uma década das minhas escolhas, os lugares do meu coração que foram mortos por um "servo do Senhor" que me convenceu de que eu o fazia pecar.

Ela estivera sob a tutela de vários adultos irresponsáveis, negligentes e abusivos durante sua infância e juventude. Winona não estava preparada para passar novamente por essa experiência em sua recém-descoberta "família" quando chegou à fé em Cristo como uma jovem adulta.

A nossa querida amiga ainda sofre os efeitos da dor causada pelo comportamento de seu predador. Ainda luta para se orientar, para entender aquilo que durante anos ela pensou ter de alguma forma causado, e para lidar com as consequências de um predador impenitente que não pode (ou não quer) ver seu pecado nem reconhecer o dano que causou; e que experimentou consequências mínimas comparadas às que ela sofreu nas mãos dele.

Adão e Eva não foram apenas os primeiros seres humanos. Foram também os primeiros a trair a confiança um do outro. Uma vez que o convívio deles com Deus foi destruído pelo orgulho e pela desobediência, não demorou muito para que o relacionamento entre eles evoluísse para culpa e acusações (v. Gn 3). Quanto tempo se passou entre a lua de mel e a acusação mútua? E como foi que o filho primogênito veio a ficar com tanta inveja e raiva a ponto de matar seu irmão mais novo a sangue frio?

Os outros pecarem contra nós (e nós pecarmos contra os outros) faz parte da história humana desde os primeiros dias até hoje.

As maneiras pelas quais pecamos uns contra os outros são quase ilimitadas. Um sócio rouba o outro na área financeira — um filho viciado rouba o pai, ou um irmão trapaceia o outro para excluí-lo da herança. Talvez você tenha sido acusado falsamente e demitido injustamente de seu emprego após anos de trabalho honesto. Você pode ter se desiludido com um pastor que, abusando de sua autoridade, deixou seu rebanho ferido e debilitado. Talvez você tenha sido caluniado por um amigo invejoso e sua reputação tenha sido destruída.

Fraude, abuso sexual, violência, opressão, injustiça sistêmica — essas são algumas de milhares de maneiras pelas quais os seres humanos pecam uns contra os outros — são os frutos venenosos e trágicos de uma humanidade desleal contra Deus.

Às vezes, esses pecados atingem a nossa vida (ou a vida daqueles a quem amamos) com força destruidora. Podemos levar anos para recuperar o equilíbrio. Em alguns casos, nesta vida, o responsável nunca será levado à justiça ou ao arrependimento. Tudo isso pode nos levar a acreditar que não é Deus quem está escrevendo a nossa história e a questionar se podemos mesmo confiar nEle diante de tais atrocidades.

Essa não é uma daquelas histórias em que alguém ora e confia em Deus, e Ele cola cuidadosamente todas as peças quebradas e as devolve em uma linda embalagem. De fato, a maioria das nossas histórias não é assim. Ainda vivemos em um mundo caído e quebrado, no qual o pecado causa desordem e suas consequências são sentidas às vezes por gerações.

No entanto, como você verá nas histórias a seguir, e como as Escrituras afirmam, o nosso Deus é fiel e amoroso e tem o poder de resgatar o irrecuperável e de tirar beleza das cinzas, não só *apesar* dos ferimentos que sofremos, mas, exatamente, *através deles*.

Alexis se lembra como se fosse hoje da noite em que descobriu que o marido era viciado em pornografia.

Ainda posso ver aquele momento — eu estava sentada no nosso quarto de hotel, vestia um pijama de corações cor-de-rosa e estava tomando um *sundae* de chocolate. Então, os meus olhos ficaram embaçados e eu me senti atordoada.

Olhando de fora ou adotando a própria perspectiva deles, **Darryl** e Alexis tinham um casamento razoável. Ambos vieram de famílias íntegras e eram membros de uma igreja na qual Cristo é honrado.

Nos primeiros anos do casamento, eles tiveram quatro filhos, com dois anos separando cada nascimento. "Estávamos no modo de sobrevivência de 'jovens casados com muitos filhos'", lembrou Alexis. "Pensávamos estar indo bem, considerando quão ocupados éramos."

Certo dia, Alexis viu uma notícia sobre um retiro cristão de fim de semana para casais, que ocorreria em um hotel próximo. Ela pensou que seu casamento poderia ter um pouco de inspiração... uma espécie de polimento, de modo que perguntou a Darryl o que ele achava de participarem. Ele concordou.

No sábado pela manhã, um dos oradores falou sobre os perigos da pornografia. Depois da sessão da noite, Alexis e Darryl levaram sorvete para o quarto. Estavam sentados na cama se deliciando com o sorvete e conversando animadamente.

— O palestrante falou sobre pornografia hoje — disse Alexis com naturalidade. — Você já viu?

Como uma nuvem que lentamente bloqueia o sol, uma sombra cobriu o semblante de Darryl. — Sim — ele respondeu. — Algumas vezes.

"Eu preciso emagrecer!" Ela se recorda que esse foi um dos primeiros pensamentos a passarem por sua cabeça naquele momento. Levou algum tempo para entender e acreditar que a questão não era ela, embora o impacto em sua vida fosse profundo. Achando a resposta de Darryl insatisfatória, Alexis o pressionou e pediu mais informações. Até então, ela sabia muito pouco sobre pornografia. Na época, não se falava muito sobre isso, de modo que o assunto lhe era desconhecido. No entanto, nas horas que se seguiram, quando Darryl confessou que havia muito tempo era viciado em pornografia, ela percebeu quanto desconhecia desse assunto. Ela ficou paralisada enquanto o marido descrevia um padrão de mentiras, horas preciosas desperdiçadas em frente ao computador, e talvez o mais danoso para o relacionamento deles: a incapacidade de "fazer de verdade" depois de anos alimentando seu apetite por fantasias sexuais.

Darryl nunca compartilhou esse segredo com ninguém, nem mesmo com seus amigos mais próximos. Desde a primeira vez em que foi exposto à pornografia no ensino médio, ele a utilizava como um mecanismo de fuga. Como drogas ou álcool, era algo para o qual ele corria quando a vida ficava difícil. Darryl esperava que o sexo no casamento atendesse a todas as suas expectativas e lhe tirasse aquele desejo. Só que ele acabou percebendo que nem mesmo a intimidade conjugal podia satisfazer os desejos profundos que o levavam constantemente de volta à pornografia. (Mais tarde, ele perceberia que estava procurando tanto a pornografia quanto sua esposa, para tomar o lugar de Deus em sua vida.)

Em meio a essa prisão autoimposta, Darryl tentou se envolver como marido e pai. "Mas", ele admitiu quando junto com Alexis nos contou sua história, "quando se tem

VOCÊ PODE CONFIAR EM DEUS QUANDO PECAM CONTRA VOCÊ   143

um pecado como esse na sua vida, você está em uma batalha constante com Deus. Ele *se opõe aos orgulhosos, mas con-
cede graça aos humildes".*[3] Darryl engoliu em seco; sua voz
fora sufocada pelas lágrimas. Mesmo depois de todos esses
anos, ainda é difícil e humilhante falar sobre essa parte da
história deles.

Nos primeiros anos de seu casamento, Darryl foi cuidadoso em suas buscas *on-line*, tentando evitar ser descoberto
por sua esposa ou por outras pessoas. Porém, a certa altura,
ele deixou de se importar e assumiu uma atitude tipo "que
se dane!" Olhando para trás, ele percebe que nesse ponto
já estava completamente viciado. Durante a primeira noite
sem sono no hotel após a confissão de Darryl, ainda lutando
para recuperar o fôlego, Alexis escreveu ao marido uma
carta expressando sua consternação com o que havia descoberto, mas também seu compromisso de passar por isso
com ele, caso ele estivesse disposto. Ela escreveu:

> Quando nos casamos, eu disse: "na alegria ou na tristeza",
> e isso é tristeza... "na saúde ou na doença", e isso é doença.

Alexis conseguiria confiar no marido novamente? Havia
muita mentira, muita traição... Ela sabia muito bem que
seria uma batalha recuperar o relacionamento deles.

Quando voltaram para casa, revoltada com o que acabara de descobrir, Alexis quis tirar os lençóis da cama. Ela
se lembra que, enquanto fazia sanduíches de geleia para as
crianças, pensava: "O meu marido foi infiel comigo!" Ela

---

[3] Tiago 4.6, *NVT*.

teria de seguir em frente, tocando a vida cotidiana e carregando esse enorme peso.

As semanas seguintes foram difíceis, especialmente para Alexis, pois, para Darryl, contar seu segredo fora uma experiência libertadora. Aquele momento de honestidade, humilhação e arrependimento fez que o pesado fardo que ele havia carregado todos esses anos fosse tirado de suas costas. Agora, porém, a carga fora transferida para Alexis.

Darryl e Alexis contataram um conselheiro cristão, que ouviu atentamente sua história. Darryl não escondeu nada e expôs completamente seu pecado. O conselheiro foi sincero com Darryl sobre as consequências e disse: "Essa ferida aberta vai deixar uma cicatriz". Até hoje, Darryl lamenta profundamente a dor que causou à esposa. Enquanto o Senhor continuava lidando com Darryl e começava a curar seu casamento, Alexis também abriu seu coração. "Eu era completamente hipócrita. Eu me achava uma pessoa muito boa e que o pecado de Darryl era muito pior do que qualquer coisa que eu tivesse feito." Levou um tempo até que ela percebesse que precisava do evangelho tanto quanto Darryl.

Repetidas vezes, Darryl pediu à esposa que o perdoasse. E, embora Alexis se esforçasse, ela estava tendo dificuldade em deixar o ressentimento de lado. Então, um dia, Alexis ouviu um pastor afirmar que o perdão implica disposição de pagar a dívida de outra pessoa, e isso ecoou dentro dela. Naquela noite, ela disse a Darryl: "Eu perdoo você; eu pago a dívida. O meu pecado não é menor do que o seu, e eu preciso de Jesus tanto quanto você". Ela acredita que, a partir desse momento, a jornada deles tomou outro rumo.

Agora, anos depois, Alexis diz ternamente: "Se não tivéssemos passado por isso, teríamos ficado com um casamento medíocre. Sofremos muito com a nossa crise, mas o nosso relacionamento se tornou mais autêntico". Darryl concorda: "Antes Alexis não tinha todo o meu coração. Agora ela o tem".

Alexis é sincera sobre os desafios contínuos: "Às vezes, quando Darryl está viajando, eu quase entro em pânico, e as lembranças afloram — sou humana; não consigo esquecer. Então eu clamo: 'Jesus, preciso que o Senhor me ajude a perdoar novamente'".

Por vezes, Darryl ainda luta contra a tentação. Ele sabe que sempre estará vulnerável nessa área em que deu muito espaço ao inimigo. No entanto, demonstrou arrependimento genuíno ao adotar de vez um estilo de vida que inclui prestar contas e caminhar na luz — com sua esposa e com um grupo de homens com quem se encontra regularmente. Constantemente Darryl e Alexis lembram um ao outro de quanto precisam do evangelho e de como necessitam manter os olhos fixos em Cristo. Eles percebem que essa jornada não diz respeito apenas a eles.

Durante um tempo, Alexis pensava que nenhuma de suas amigas íntimas pudesse se identificar com sua experiência. Ela se sentia isolada e sozinha, sem ninguém em quem se apoiar. Então, "muitas delas começaram a sair da toca" — mulheres que enfrentavam desafios semelhantes em seu próprio casamento. Nos últimos anos, Deus usou Darryl e Alexis para ajudar outros que caem nessa mesma armadilha. Eles viram Deus transformar as cinzas de seu casamento em algo belo e sabem que Deus pode fazer o mesmo pelos outros.

Lauren caminhou até o meu lado (de Nancy) na frente do auditório, depois de ouvir a minha palestra. Seu coração estava pesado: "Eu nunca imaginei que, com 60 e poucos anos, seria a ex-esposa de um pastor, lutando para sobreviver e encontrar algum propósito para a minha vida".

Quando jovem, Lauren frequentava a igreja. Ela se sentava na primeira fila e tinha grande admiração pela esposa de seu pastor. Lauren queria ser igual a ela quando crescesse. Ela conheceu seu marido, *Eric*, na igreja; eles se casaram e frequentaram o seminário juntos. Tiveram três filhos, plantaram duas igrejas e amavam servir juntos ao Senhor.

Quando chegaram à meia-idade, o conselho da igreja se desentendeu com Eric, e ele renunciou. Ao longo do ano seguinte, ele passou por um período sombrio, lidando com mágoa, desânimo, falta de direção e de visão. No entanto, Lauren não percebeu que durante esse tempo ele também estava escondendo outra coisa.

Em uma noite úmida de julho, quando a família estava reunida para comemorar o aniversário de Lauren, Eric a puxou para o lado e disse: — Não posso mais continuar com isso.

— Continuar com o quê? — Lauren perguntou.

— Nosso casamento — Eric respondeu calmamente.

O coração de Lauren congelou e depois partiu em um milhão de pedaços.

Eric disse que havia se reconectado *on-line* com uma antiga namorada da faculdade e concluiu que ela o faria feliz. Ele queria o divórcio. Lauren orou, pediu, implorou que ele mudasse de ideia. Porém, era o que ele queria e então, finalmente, ela o deixou seguir seu caminho. Seus filhos ficaram arrasados, assim como muitos amigos que os conheciam há anos. Jamais em sua vida, Lauren se imaginou divorciada. No entanto, essa era exatamente a situação em que se encontrava após 32 de casamento. Para sobreviver, ela teve de vender sua bela casa e batalhar para conseguir um emprego em um mercado que não valorizava suas credenciais de mãe e esposa de pastor.

Temos um Salvador que sabe o que é sofrer pelos pecados dos outros, mas sem nunca ter pecado. Mesmo quando pecavam contra Ele da maneira mais ultrajante possível — injustamente acusado, espancado e morto —, Jesus continuou confiando em Deus para escrever Sua história.

Essa não é uma daquelas histórias em que alguém ora e confia em Deus, e Ele cola cuidadosamente todas as peças quebradas e as devolve em uma linda embalagem. De fato, a maioria das nossas histórias não é assim. Ainda vivemos em um mundo caído e quebrado, no qual o pecado causa desordem e suas consequências são sentidas às vezes por gerações.

Nem sempre essa desordem e confusão serão limpas deste lado da eternidade. Enquanto isso, caminhamos pela fé, confiando em Sua presença e graça para nos sustentar todos os dias no "aqui e agora", tendo a certeza de que, no final, Ele corrigirá todos os erros e defenderá os Seus.

A infidelidade de Eric tornou a vida de Lauren muito difícil. Não há como fugir dessa realidade. No entanto, ela se apega ao seu Pai fiel, que prometeu estar com ela, suprir suas necessidades e conduzi-la em cada passo do caminho. Depois de nossa conversa, Lauren me escreveu:

> Busco o Senhor diariamente e deposito a minha vida a Seus pés. Decidi confiar a Ele minha história nesta fase da minha vida, embora não seja o que eu esperava. Mesmo em meio à solidão e decepção, Ele está lá. E eu confio nEle.

———※———

Embora os detalhes desses roteiros, bem como os da sua história e da minha, sejam diferentes, o que temos em comum é que outras pessoas pecaram e continuarão pecando contra nós (e nós também fizemos e continuaremos a fazer o mesmo contra outros). Também temos em comum o fato de que Deus continua intimamente envolvido nas nossas histórias e podemos confiar nEle para colocar a nossa vida em ordem.

Então, o que significa confiar em Deus para escrever sua história nas situações em que outros pecaram contra você — talvez gravemente e talvez sem evidência de remorso ou arrependimento?

Isso significa:

- Confiar que Ele tem propósitos específicos para você — assim como para os outros que fazem parte da sua história — e que esses propósitos serão cumpridos apesar (ou talvez até mesmo através) das transgressões que você sofreu;

VOCÊ PODE CONFIAR EM DEUS QUANDO PECAM CONTRA VOCÊ 149

- confiar nEle para proteger e sustentar você, embora os outros não o tenham feito;
- confiar que, a Seu modo e em Seu tempo, Ele lidará com os seus ofensores;
- confiar nEle para proteger o seu coração de se tornar amargo ou refém daqueles que pecaram contra você;
- confiar em Sua graça para perdoar o que parece ser imperdoável;
- confiar nEle — em Seu modo e em Seu tempo — para resgatar e superar as perdas causadas por aqueles que pecaram contra você;
- confiar que o Espírito Santo pode transformar o coração do seu ofensor e levá-lo ao arrependimento e a um relacionamento correto com Deus.

Entendemos que todos esses pontos poderiam parecer inatingíveis e talvez até absurdos, não fosse por termos um Salvador que sabe o que é sofrer pelos pecados dos outros, mas sem nunca ter pecado.

A primeira carta de Pedro nos diz: *Cristo sofreu pelos pecados uma vez por todas, o justo pelos injustos, para conduzir-nos a Deus* (1Pe 3.18, *NVI*). Embora Ele tenha sido alvo de abusos inimagináveis, *não ameaçou, mas pôs a sua esperança em Deus, o justo Juiz* (2.23).

Você percebe? Mesmo quando pecavam contra Ele da maneira mais ultrajante possível — injustamente acusado, espancado e morto —, Jesus continuou confiando em Deus para escrever Sua história. E qual foi o resultado? *Pois os seus ferimentos curaram os nossos! Tal como ovelhas, vocês vaguearam longe de Deus, mas agora voltaram para o seu pastor, o guardião das suas almas* (2.24,25, *NBV*).

Pela disposição de Cristo de suportar as feridas que infligimos a Ele, fomos curados das feridas infligidas a nós por causa do nosso próprio pecado e pelo pecado de um mundo caído, que coloca as pessoas umas contra as outras. Por meio de Sua confiança no Pai, o nosso coração foi levado de volta a Ele. Que incrível!

O nosso Deus é fiel e amoroso e tem o poder de resgatar o irrecuperável e de tirar beleza das cinzas, não só apesar dos ferimentos que sofremos, mas, exatamente, através deles.

Mesmo assim, quando nos submetemos a Deus nas circunstâncias em que outras pessoas pecam contra nós, Ele não apenas nos traz a cura, mas também pode nos usar como instrumentos de cura e arrependimento para os nossos ofensores. Mesmo que não vivamos para ver esse fruto, sabemos que Aquele que julga com justiça um dia corrigirá todos os erros.

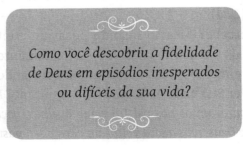

Como você descobriu a fidelidade de Deus em episódios inesperados ou difíceis da sua vida?

10

Enviado

A HISTÓRIA DE JOSÉ

A Providência é mais sábia do que você, e certamente faz o melhor pelo seu bem eterno do que você jamais faria com suas próprias escolhas.[1]

John Flavel

O sonolento adolescente acordou ao ser sacudido fortemente por um dos comerciantes midianitas que o mantinham preso. No amanhecer de um novo dia, a jornada rumo ao Egito continuaria, e ali seus novos donos o venderiam como escravo... de preferência com lucro, com grande margem além das vinte peças de prata que pagaram ao comprá-lo de seus irmãos.

Os pensamentos foram aos poucos clareando e, ao ver o cenário desconhecido ao seu redor, José realmente entendeu que aquele não era um dos seus famosos sonhos. Nesse

---

[1]FLAVEL, John. *The mystery of providence*. Apollo, PA: Ichthus Publications, 2014, p. 45. Publicado originariamente em 1824 sob o título *Divine conduct* ou *The mystery of providence*.

caso, teria sido um pesadelo que não se dissiparia com o despertar pela manhã. Ele, então, se levantou e bateu o pó de sua túnica.

Uma árdua jornada, de mais de 300 quilômetros, estava diante deles. A cada passo, José contemplava o perigoso destino que o aguardava como escravo. Não era isso que ele esperava — certamente essa não era a vida que sonhara.

Entre onze irmãos, José era o penúltimo filho, amado e favorito de seu pai, Jacó, que o mimava com carinho e presentes. Depois de quase ter sido assassinado a sangue frio por seus ciumentos irmãos, José foi vendido como uma mercadoria a comerciantes que passavam por Siquém, onde estavam.

Como aquele adolescente poderia entender que um Deus bom, sábio e invisível estava escrevendo sua história? Como José poderia perceber que os trágicos eventos que lhe sobrevieram não eram obras do acaso, mas cenas de um roteiro cuidadosamente escrito como parte de um amplo e eterno drama de redenção? É claro que ele não poderia!

De seu ponto de vista limitado, o que José podia ver era o que estava acontecendo naquele momento — ele tinha sido rejeitado pelos que lhe eram mais próximos, perdera tudo que lhe era familiar, seus sonhos haviam sido destruídos, e seu futuro era absolutamente incerto. Ele não merecia ter sido traído de forma tão cruel. Ele tinha, sim, se gabado e provocado seus irmãos. Porém, isso não era justificativa para tamanha vingança!

Impotente, ele seguiu adiante. O que mais poderia fazer?

Quando a caravana que o conduzia chegou ao Egito, José foi levado para ser leiloado como se fosse gado. Quem o compraria? Como ele seria tratado? Qual seria seu trabalho? E a pergunta mais assustadora de todas era: como o Deus de seus pais poderia escrever a história de sua vida, sem que houvesse algo de bom? Suas circunstâncias eram as piores possíveis. Medo, desânimo e desespero devem ter sobrevindo ao jovem José enquanto ele estava sendo leiloado. E os anos que se seguiram continuaram a lhe oferecer oportunidades semelhantes.

José foi comprado por um oficial de alto escalão chamado Potifar, o "capitão da guarda" — provavelmente o responsável pela segurança do faraó. É provável que ele também tenha sido administrador da prisão para onde iam aqueles que, por um motivo ou por outro, desagradavam o déspota egípcio e eram encarcerados.[2]

— ✦ —

Do nosso ponto de vista, mais de três mil anos depois, podemos ver os propósitos de Deus sendo minuciosamente cumpridos na vida de José. Mas, para ele na época, não havia quase nada além de perguntas sem respostas e circunstâncias injustas sobre as quais ele não tinha controle, ano após ano.

Contudo, ficamos sabendo de algo bem importante sobre a situação de José — algo que ele poderia compreender somente pela fé. Sabemos que *o Senhor Deus estava com José*

---

[2]Isso é indicado em Gênesis 40.3,4, que usa o mesmo título "Capitão da guarda" para se referir à pessoa encarregada da prisão de José. Veja LEUPOLD, Herbert Carl. *Exposition of Genesis:* Volume 1, comentário sobre Gênesis 40.1-23, Bible Hub, acessado em 23 de janeiro de 2019, https://biblehub.com/library/leupold/exposition_of_genesis_volume_1/chapter_xl.htm.

(Gn 39.2). Essa realidade fez toda a diferença no mundo e no resultado da história de José.

Ao refletirmos sobre essa narrativa, vemos a inconfundível mão de Deus e Sua escrita soberana. É nítido que essa história não é simplesmente sobre um homem. Como em cada roteiro que Deus escreve, a história de José faz parte do desenrolar de uma trama maior envolvendo os irmãos de José, seu pai, o resgate de uma família da fome, uma lição de perdão e reconciliação e, ao final, a salvação de toda uma nação de quatrocentos anos de escravidão e abuso.

Já perdi a conta das vezes em que eu (Nancy) compartilhei com outros algo inesquecível que, há muitos anos, ouvi o pastor John Piper dizer:

> Em cada situação que você enfrenta, Deus faz mil coisas seu favor que você não vê nem fica sabendo.

Se pensarmos bem, podemos até perceber algumas coisas que Ele está fazendo em meio à confusão ao nosso redor. Olhando para trás — utilizando novamente aquele espelho retrovisor —, conseguiremos distinguir mais algumas. Porém, sem que vejamos ou percebamos, Ele está realmente fazendo milhares de coisas. Coisas que um dia se tornarão claras para nós, neste mundo ou no próximo. Coisas que nos levarão a exclamar em adoração: *Tudo que ele faz é maravilhoso!* (V. Mc 7.37, NVT.)

Na situação em que se encontra hoje, você talvez possa apenas ver um amontoado de fios embaralhados e desconexos, que não fazem sentido algum, por mais que tente entender. Tudo que você vê é injustiça e sofrimento. Nosso jovem amigo José certamente se identificaria com você.

Sem dúvida, se tivesse a oportunidade, José escreveria um roteiro diferente, mas, a cada reviravolta em sua história, esse jovem estava sendo moldado e transformado por Deus.

No entanto, como José um dia aprenderia, do outro lado do tecido — imagine Deus como um tapeceiro tecendo a nossa vida —, o emaranhado de fios que podemos ver se mostra como uma imagem de grande beleza e valor, que Deus está criando para aqueles que nEle confiam.[3]

Depois de José ter sido comprado no leilão, podemos segui-lo até a casa de Potifar. José passou a ser propriedade desse homem influente, como se fosse um bem material, sem nenhum poder para mudar sua condição. Apesar de não ter como controlar seu destino, José se concentrou em controlar a si mesmo. Pode-se dizer que houve momentos em que seria natural — e compreensível — que José

---

[3][NT]: *O tapeceiro*, Stenio Marcius, https://www.youtube.com/watch?reload=9&v=xq1_4tmRpII&feature=youtu.be.

explodisse de raiva ou mergulhasse em desespero, mas ele permaneceu firme. Cumpriu seus deveres com integridade inabalável, e isso foi notado por Potifar, seu senhor, que lhe deu cada vez mais liberdade e responsabilidade, a ponto de nomeá-lo administrador de sua casa.

Finalmente, a vida começou a sorrir para José — até que os problemas recomeçaram.

Ao perceber o plano de Deus para José, "o arqui-inimigo de nossas almas" enviou uma mulher carente, a esposa de Potifar, para seduzi-lo (tendo em vista adulterar com ele). José conseguiu manter sua virtude, recusando-se a ceder ao pecado. E qual foi sua recompensa por obedecer à lei de Deus e respeitar seu senhor? Uma acusação falsa e depois treze anos de prisão!

Sem dúvida, se tivesse a oportunidade, José escreveria um roteiro diferente, mas, a cada reviravolta em sua história, esse jovem estava sendo moldado e transformado por Deus.

O salmo 105 descreve essa notável progressão:

> *Adiante deles Deus providenciou para que José fosse vendido como escravo ao Egito; ali prenderam seus pés com correntes, e com ferros prenderam o seu pescoço.*
> *Finalmente, chegou o tempo em que se cumpriu a profecia feita a respeito dele. Mas até isso acontecer, José foi posto à prova pelo SENHOR!* (v. 17-19, NBV)

O filho preferido de seu pai, o jovem que tinha sonhos de que um dia seria exaltado como governante da nação foi *enviado por Deus* — que estava *adiante deles* — para uma terra estrangeira. Ali, sem que ninguém soubesse, incluindo o próprio José, Deus o usou para prover sustento para Seu povo. Quando José estava por lá, a impressão que tinha era a de que o plano de Deus havia fracassado, pois ele fora vendido e algemado como um escravo. Ali, em circunstâncias tenebrosas, *José foi posto à prova pelo Senhor* — que o moldou e aperfeiçoou — até que chegou o tempo (o tempo de Deus) de se cumprirem Suas profecias sobre ele.

Se você der a devida importância a essa mensagem, isso fará enorme diferença na sua vida, quando enfrentar os seus próprios desafios e decepções. As partes mais difíceis da história que Deus está escrevendo na sua vida não são aleatórias ou sem significado. Elas têm um propósito bem definido. No devido tempo, tudo o que Ele planejou para você e para este mundo se tornará realidade. Enquanto isso, Ele estará sempre com você. Essa é uma verdade na qual você poderá sempre confiar.

As partes mais difíceis da história que Deus está escrevendo na sua vida não são aleatórias ou sem significado. Elas têm um propósito bem definido. No devido tempo, tudo o que Ele planejou para você e para este mundo se tornará realidade. Enquanto isso, Ele estará sempre com você. Essa é uma verdade na qual você poderá sempre confiar.

Enquanto José estava na prisão, o faraó teve dois sonhos que ninguém conseguiu interpretar. Nem mesmo os homens mais sábios da terra puderam entender seu significado. Essa busca infrutífera, além dos próprios sonhos, irritou profundamente o monarca. Finalmente, um homem que conhecera José na prisão — o copeiro do faraó — lembrou-se de sua capacidade de interpretar o desconhecido. E José foi convocado da prisão.

José, então, foi parar diante do homem mais poderoso da face da terra — ele, um judeu humilde, sem *status* ou posição, estava na presença da mais absoluta autoridade. José poderia ter aproveitado aquela situação para exaltar suas habilidades; afinal, era uma chance de autopromoção como nunca tivera. Porém, ele escolheu outro caminho.

> *O faraó disse a José: "... Ouvi dizer que, quando você ouve um sonho, é capaz de interpretá-lo". José lhe respondeu: "Eu mesmo não posso fazê-lo, mas Deus vai dar uma resposta favorável ao faraó".* (Gn 41.15,16, NBV)

Após ter ficado anos na prisão, no ostracismo e no esquecimento, aquela era a oportunidade perfeita para se autoexaltar. José, porém, ergueu os olhos para o céu. Ele confiava no Autor de sua história.

A partir daí, o plano de Deus para José começou a se apresentar de forma mais clara. Após interpretar o sonho do faraó (interpretação recebida de Deus), José foi encarregado de preparar o Egito para a fome prevista nos sonhos.

Confiar em Deus resgatara José da escravidão e da prisão, e o colocara em uma posição de poder, o que também lhe possibilitaria vingar-se dos irmãos que o maltrataram. Só que, em vez disso, José escolheu submeter-se à mão da Providência de Deus. Ele havia desenvolvido uma perspectiva que lhe permitiu superar o mal que lhe fora causado.

> E José disse:
> — Cheguem mais perto de mim, por favor […]
> — Eu sou o seu irmão José, aquele que vocês venderam a fim de ser trazido para o Egito. Agora não fiquem tristes nem aborrecidos com vocês mesmos por terem me vendido a fim de ser trazido para cá. Foi para salvar vidas que Deus me enviou na frente de vocês. (Gn 45.4,5)

Vocês me *venderam*. Mas Deus me *enviou*. Mais tarde José expressou a mesma perspectiva quando recusou-se a sevingar daqueles que procuraram destruí-lo:

> Mas José respondeu:
> — É verdade que vocês planejaram aquela maldade contra mim, mas Deus mudou o mal em bem para fazer o que hoje estamos vendo, isto é, salvar a vida de muita gente (Gn 50.19,20)

———— ⚓ ————

Mais tarde, muito depois da morte de José, ficaria claro que a história que Deus escrevera na vida desse patriarca prenunciava outra história ainda maior.

O Filho único e amado do Pai da vida também foi invejado e maltratado por Seus irmãos. Embora Ele não tivesse praticado mal algum e houvesse recusado firmemente a provocação do tentador, foi vendido por uma ninharia, maltratado e violentamente assassinado.

Nós O vendemos. Mas Deus O enviou.

Nós quisemos o Seu mal — mas Deus transformou o mal em bem, para trazer vida a muitos que estavam destinados a morrer, para que também se tornassem Seus filhos.

Esta é realmente uma história maravilhosa!

11

Você pode confiar em Deus quando o seu filho magoa o seu coração

Se, ao lidar com os problemas dos seus filhos, você sente um aperto no estômago, a cabeça latejando e os dentes cerrados, descubra o remédio de dobrar os joelhos.[1]

Robert J. Morgan

Perder um filho é o maior medo de todo pai e de toda mãe. Porém, como muitos pais angustiados testemunham, há mais de uma maneira de se perder um filho.

Uma das parábolas mais conhecidas contadas por Jesus foi a de um pai que perde seu filho. Conhecemos esse episódio como "A história do filho pródigo", a qual também poderia ser chamada de "A história do pai de coração partido que continua esperando pelo filho".

---

[1] MORGAN, Robert J. *Prayers and promises for worried parents: hope for your prodigal. Help for You.* Nashville: Howard, 2003, p. 1-2.

No capítulo 15 do evangelho de Lucas, Jesus conta três histórias sobre três perdas. A primeira é sobre uma moeda que foi perdida dentro de uma casa, e de uma mulher que varreu o chão vigorosamente até encontrá-la. É bem fácil resumir essa história: moeda perdida, moeda encontrada. A segunda é sobre uma ovelha que se afastou do rebanho, talvez inocentemente, procurando uma grama melhor. De lá, avistou outro gramado um pouco mais à frente, depois outro, depois outro...

Logo a ovelhinha não conseguiu mais encontrar o caminho de volta, e o pastor foi obrigado a procurá-la: ovelha perdida, ovelha encontrada.

A terceira perda, porém, era muito mais importante do que a moeda de cobre ou do que o cordeiro aventureiro. O filho da história tomou, conscientemente, a decisão de partir o coração do pai — e, embora não haja nenhuma menção de a mãe estar ou não viva, seu coração certamente também se despedaçou.

Ao contrário da mulher que perdeu a moeda, ou do pastor que perdeu a ovelha, até onde sabemos, o pai do filho pródigo não ficou procurando desesperadamente por ele. O pai não providenciou uma comitiva para buscá-lo. Em vez disso, ele fez a coisa mais difícil de fazer nessa situação. Ele esperou. Aquele pai de coração partido esperou pacientemente que Deus escrevesse sua própria história, bem como a do filho, que, apesar de rebelde, era grandemente amado.

⁓✢⁓

Toda noite, antes de deitar, Robert e eu nos abraçamos e oramos juntos. (Por ser um madrugador, Robert, normalmente, já está quase dormindo quando dizemos amém.) Agradecemos ao Senhor as bênçãos recebidas no dia e levamos diante dEle todas as preocupações que surgem na nossa mente. Oramos pelos membros da nossa família e, finalmente, Robert ora nominalmente pelos dezesseis rapazes que Ele colocou no nosso coração. Muitos deles são filhos adultos de amigos nossos. Alguns deles não conhecem o Senhor. Alguns se afastaram da fé que professavam. E outros, ainda, são pródigos, vivendo em um "país distante".

Ao nos preparar para escrever este capítulo, conversamos com dois casais por cujos filhos oramos todas as noites. Perguntamos como é a confiança deles em Deus no que diz respeito a seus filhos adultos e às escolhas pecaminosas que eles fizeram, e também com relação ao fato de eles atualmente estarem afastados de suas famílias — situações que, aparentemente, não parecem estar se resolvendo.

—⚓—

Scot e Katrina têm 3 filhos adultos, e dois deles são casados. Até agora eles têm cinco netos — e mostram fotos deles para todo mundo em seu celular.

Eu (Nancy) conheço essa família desde que os meninos eram pequenos e os vi crescer.

Scot é um carpinteiro de primeira linha, e Katrina é dona de casa e pintora de aquarela. Ambos amam a Cristo, têm um belo ministério na vida das pessoas e sempre desejaram muito que seus filhos seguissem e servissem ao Senhor.

*"Deus permitiu essa experiência.
Então devemos recebê-la como uma dádiva,
destinada a nos aproximar dEle mesmo...,
e então transformá-la em um ministério
dirigido aos outros."* (Katrina)

"Deus nos permitiu essa experiência", disse ela. "Devemos recebê-la como uma dádiva, destinada a nos aproximar dEle mesmo..., e então transformá-la em um ministério dirigido aos outros."

Cinco anos atrás, o filho do meio, **Derrick**, de 20 anos, escreveu uma carta a Scot e Katrina comunicando que era *gay*. O jovem compartilhou que, ao longo dos anos, teve algumas amigas próximas, mas nunca sentiu nenhuma atração romântica por elas, como sente por homens. Ele lutou contra esses desejos, acreditando que a homossexualidade era contrária às Escrituras.

Agora, no entanto, Derrick tinha encontrado e adotado para a vida um livro escrito por um "ativista *gay* cristão" que enfatizava que a proibição da Bíblia à homossexualidade está de fato referindo-se a relacionamentos homossexuais promíscuos e sem compromisso. Uma pessoa poderia ser *gay*, e cristã, se vivesse em um relacionamento monogâmico, e Derrick estava planejando se casar com seu parceiro.

No dia em que receberam a carta do filho, Scot e Katrina enviaram uma mensagem perguntando se poderiam se encontrar comigo (Nancy) e com alguns outros amigos íntimos. Naquela noite, eles compartilharam o que estava acontecendo. O pequeno grupo de amigos chorou e orou com o casal consternado. Todos queríamos muito ajudá-los a carregar aquele fardo pesado enquanto sua história estava sendo reescrita.

Desde o início, Scot tentou de todas as formas alcançar seu filho. Conhecendo o amor que Derrick professava por Cristo, ele tentou apontar a desconexão entre o ensino bíblico e os relacionamentos homossexuais. Porém, como Derrick também conhecia a Bíblia, ele desenvolvia seu argumento utilizando versículos e rebatendo o pai. As conversas não davam em nada e geralmente terminavam bruscamente. Quanto mais Scot tentava convencer o filho, mais claro ficava que Derrick já havia se decidido. Os contatos foram diminuindo. Ocasionalmente, Katrina enviava textos assegurando a Derrick seu amor e suas orações por ele. Raramente, ele respondia.

Enquanto nós quatro conversávamos, Katrina abriu o coração contando como tudo isso os afetara como casal:

> Este é um capítulo da nossa história que eu gostaria de pular, mas também é o capítulo que Deus está usando mais intensamente na nossa vida para nos ajudar a conhecer Seu coração... e nos ensinar a amar cada um dos nossos filhos e netos incondicionalmente, mesmo quando não entendemos o que está acontecendo.

Scot entrou na conversa, pensativo:

> Lutamos para saber qual é a nossa responsabilidade nessa situação. Pedimos a Deus que examinasse nosso coração.

Também pedimos perdão a Derrick pelo que possamos ter errado com ele.

Então, ele acrescentou: "Chegamos a um ponto em que tivemos de aceitar que não somos responsáveis pelas escolhas dos nossos filhos adultos".

Perguntamos a Scot e Katrina como eles encorajariam outros pais que, à semelhança dos dois, também têm filhos adultos que vivem de maneira que acreditam ser contrária à Palavra de Deus. Eles compartilharam três conclusões libertadoras às quais chegaram no relacionamento com o filho:

1. *"Não podemos mudar o coração dele.* Toda pessoa tem um interruptor em seu coração que somente Deus pode acionar. Até que isso aconteça, nada mudará. Não podemos fazer isso acontecer".
2. "Não é nossa responsabilidade 'endireitar' o nosso filho. Os pais têm essa mania. Nos primeiros dois anos depois que o nosso filho nos enviou a carta, sentimos que precisávamos encontrar uma maneira de 'consertar' a situação: 'Leia este livro, este *post*, este artigo...'. E achávamos que, se não conseguíssemos, teríamos falhado como pais. Finalmente tivemos de fazer as pazes com a verdade de que Derrick era responsável perante Deus por suas próprias escolhas. Se Deus permite algo assim na nossa vida, Ele não requer que consertemos; Ele requer que tenhamos fé".
3. "Não podemos desistir. Continuaremos a amar o nosso filho. Há muita coisa em jogo. Muitos estão nos vendo passar por essa situação — os nossos outros filhos e netos, amigos que nos conhecem bem, e amigos novos

que nos conhecem pouco. Queremos que eles vejam que é Cristo quem nos sustenta nos tempos mais difíceis e que, por Sua graça, podemos amar incondicionalmente, assim como fomos amados por Ele".

E como essa experiência mudou o casal? Scot passou a perceber que muitas das pessoas ao seu redor estão sofrendo de maneiras que ele não havia percebido antes — há pessoas com fardos pesadíssimos. Sua sensibilidade em relação aos outros aumentou consideravelmente. Katrina admite que, às vezes em sua jornada, ela questionou Deus. Após o choque inicial do anúncio do filho, ela ficou meio entorpecida. "Eu não queria orar nem ler a Bíblia. Até que, finalmente, o amor do Pai derreteu meu coração." Deus fez que ela se lembrasse de como fora misericordioso com relação a seus pecados e de como ela precisava desesperadamente de um Salvador. Pouco a pouco, o Senhor começou a abrandar seu coração — em relação ao próprio Deus e em relação a seu filho.

Katrina encontrou paz quando aceitou o fato de que Deus é bom e soberano, mesmo em uma situação como essa. Ela e Scot entregaram Derrick ao Senhor antes de ele nascer. Eles confiaram nEle então e continuam a confiar agora.

— Deus nos permitiu essa experiência — disse ela. — Devemos recebê-lo como uma dádiva, destinada a nos aproximar dEle mesmo... e transformá-la em um ministério com os outros.

— Sim — acrescentou Scot. — No começo, tentamos esconder nossa mágoa. Não fazemos mais isso. Temos tido muitas oportunidades de compartilhar com pessoas que atravessam sofrimento semelhante, compartilhando com elas como o Senhor nos tem encorajado e o que Ele nos tem ensinado.

—❧—

James e Vicki e eu (Nancy) somos amigos muito próximos e já passamos muita coisa juntos. James é um corretor de seguros bem-sucedido e, Vicki, uma professora cuja maior e mais significativa tarefa foi educar em casa seus quatro filhos... agora crescidos e com suas próprias famílias. O contato entre eles continua constante e saudável. Eles podem dar esse testemunho em relação a todos os filhos, exceto sobre **Wesley**. Ele está longe de casa tanto geográfica quanto relacionalmente. É viciado em drogas e vive sabe-se lá onde!

Essa situação não era a que James e Vicki haviam idealizado. A fé da família sempre foi uma parte notória — não apenas aos domingos, mas na semana inteira. Todos que os conhecem sabem que o ambiente deles sempre foi amoroso e participativo, com muitas oportunidades e incentivo para os filhos desenvolverem seus interesses e habilidades, boas amizades e um coração voltado para o Senhor.

Quando Wesley completou 18 anos, porém, James e Vicki notaram um "abatimento gradual de seu espírito". O garoto que era feliz e divertido parecia preocupado, sombrio e distante. Ele começou a se afastar dos pais e da irmã mais nova, de quem havia sido extremamente próximo.

Então, certa noite, por volta das 2 da manhã, James e Vicki acordaram de repente. Sentindo que algo estava errado, James olhou para fora e viu que o carro do filho havia sumido. A princípio, achou que poderia ter sido roubado. Então, foi rapidamente ao quarto de Wesley e percebeu que ele não estava lá. James e Vicki passaram as duas horas seguintes sentados na escuridão da sala de estar. Preocupados com o filho, choravam e oravam juntos por sua segurança. Finalmente, perto do amanhecer, Wesley voltou e ficou muito surpreso ao ver os pais acordados e esperando por ele. Obviamente "alto", ele explicou que havia encontrado um fornecedor *on-line* e viajara 160 quilômetros para comprar drogas.

Nos dias seguintes, Wesley foi aos poucos contando aos pais que fora em uma festa, vários anos atrás, onde começou a experimentar drogas. Desde então, o uso tornou-se habitual e arriscado. Todo o seu mundo mudou quando ele começou a se envolver com um grupo de amigos que apoiava e compartilhava esse tipo de vida com ele.

Seus pais, em momento algum, nem sequer imaginaram que esse tipo de coisa pudesse estar acontecendo. "Como pudemos não notar nada?", eles ainda se perguntam.

James e Vicki percebem que Deus é quem está escrevendo essa história e que, no final das contas, o que é importante não é a história deles, mas a história dEle.

James e Vicki passaram longas noites com o coração aflito e também muitos dias lutando com perguntas difíceis, como:

- O que fizemos de errado?
- O que poderíamos ter feito diferente?
- O que fazemos agora?

Mas nada do que disseram ou fizeram parecia mudar a situação.

Por mais que tentassem afirmar ao filho seu amor e a disposição de conseguir-lhe ajuda, ele parecia surdo a seus apelos. Pouco tempo depois, Wesley saiu de casa e foi morar com seus amigos também dependentes. Nada do que os pais disseram ou fizeram conseguiu dissuadi-lo.

Wesley está agora com 20 e tantos anos, e James e Vicki não o veem há mais de um ano. Eles nem sabem exatamente onde o filho mora, mas continuam procurando formas de chegar até ele. Wesley, no entanto, se retrai, se isola e recusa qualquer tipo de comunicação. Os telefonemas ocasionais são curtos e tensos. Ele escreveu poucos bilhetes ou cartões, mas entre eles havia um cartão de Dia dos Pais. Essa correspondência está exposta em uma estante de livros no quarto do filho, ao lado de uma foto dele. "Essas cartas nos lembram de orar por ele", diz Vicki.

Enquanto James e Vicki lamentam o relacionamento quebrado de seu filho com o Senhor e com a família, o coração deles permanece terno em relação a ele. Naquela primeira noite, quando Wesley voltou para casa depois de ter ido ao traficante, James lhe disse:

— Wesley, não há nada que você faça para impedir que o amemos. Você é o nosso filho e vamos amá-lo para sempre!

Esses pais machucados sabem que, embora Deus lhes tenha dado Wesley como filho para que o criassem, ele não lhes pertence — Wesley pertence a Deus. Isso os ajuda a andar na esperança, e não no desespero. "Ele está nas mãos de Deus, e a qualquer lugar que vá, ou qualquer coisa que faça, Deus está vendo." James nos disse que ele e Vicki acreditam que Deus usará tudo que está acontecendo para Sua glória. Enquanto isso, a rebeldia de Wesley tem sido usada por Deus para trabalhar de forma profunda no coração de seus pais. Vicki compartilhou conosco que Deus lhe mostrou haver orgulho em seu coração de mãe. "Eu costumava dizer: 'Os nossos filhos não fazem isso, nem aquilo'. E agora aqui estamos... humilhados, mas também gratos."

Esses pais machucados sabem que, embora Deus lhes tenha dado Wesley como filho para que o criassem, ele não lhes pertence – Wesley pertence a Deus. Isso os ajuda a andar na esperança, e não no desespero.

Eles conseguem perceber que é Deus quem está escrevendo a história, e não eles. Essa será a história dEle.

"Deus não desperdiça nada", James nos lembrou. "Podemos descansar que Ele vai usar tudo que está acontecendo... em Wesley, nos nossos outros filhos e em nós. Ele tem permitido que descansemos a cabeça à noite e durmamos sem desespero. Deus está escrevendo este capítulo."

A oração deles é que, como o filho pródigo, Wesley algum dia ouça a voz de Deus e caia em si. "Esperamos egoisticamente que isso ocorra enquanto estamos vivos. Porém, pode não acontecer. E quase sempre estamos em paz."

As situações enfrentadas pelos dois casais com quem conversamos neste capítulo têm desestabilizado sua vida. Não é apenas uma questão de lidar com a birra de uma criança de 2 anos de idade ou com as travessuras de um pré-adolescente. Essas "crianças crescidas" estão fazendo escolhas que alteram o ritmo normal da vida, impactando profundamente seus pais e irmãos. E poderíamos ter compartilhado muitas outras histórias desse tipo. Todas as vezes que eu (Nancy) trato, nas minhas palestras, do tema "O filho pródigo", recebo uma avalanche de mensagens de mães com coração quebrado, que esperam um filho, ou uma filha, voltar para casa e voltar para o Senhor.

Também temos outros amigos cujos filhos estão passando por lutas e ataques intensos e, nesses casos, esse sofrimento não está relacionado a escolhas erradas que tivessem feito. Isso evidencia o objetivo do Inimigo, que é ter os nossos filhos em suas mãos. Recentemente, marcamos com vários pais uma videoconferência para orar pela filha adulta de um dos casais, que está lutando com uma doença mental que pode ser fatal. Clamamos ao Senhor por essa preciosa jovem, seu marido e filhos. E oramos pelos pais dela, para que Deus os livre do medo e do desânimo, para que eles não tenham dúvida alguma de que Deus ama profundamente sua filha, e para que se apeguem firmemente a Cristo e confiem na obra que Ele está fazendo na vida dela, mesmo quando ainda não conseguem ver o resultado esperado.

Em outra ocasião, também recente, várias mulheres e eu (Nancy) nos reunimos para orar por uma mãe que está lutando pela alma de sua filha adolescente. Antes suave e receptiva ao Senhor, essa garota está agora endurecida, resistente e aparentemente inatingível. Com lágrimas, levamos essa mãe e sua filha ao Pai, clamando por misericórdia e graça, na medida certa, para ajudá-las nesse momento crítico de necessidade (v. Hb 4.16). O alívio estampado no rosto daquela mãe, quando terminamos de orar, era visível. Levantando as mãos para o alto, ela exclamou: "Meu fardo foi levado!" A batalha pela filha não terminou, mas ela está mais fortalecida com o suprimento que o Senhor lhe enviou para encorajá-la a confiar na fidelidade dEle, mesmo enquanto sua filha continua obstinada.

Pode ser que seu coração também esteja quebrado por uma filha, um filho ou um neto escravizado pelas mentiras de Satanás. Você não pode abrir os olhos deles; você não consegue mudá-los; não há como fazê-los acreditar que os caminhos de Deus são bons, corretos e verdadeiros e que Cristo é o tesouro mais valioso que existe, muito mais precioso do que qualquer outra coisa que o mundo considere desejável.

Se essa é a sua luta, lembre-se do que Scot e Katrina aprenderam:

- Você não pode mudar o coração do seu filho.
- Não é sua responsabilidade endireitar o seu filho.
- Você não pode desistir.

Então, o que você pode fazer?

Você pode deixar Deus mudar você, assim como deseja que Ele mude o seu filho.

Você pode orar.

Você pode reunir alguns irmãos em quem confie para se juntar a você em oração e pedir a Deus para agir na vida do seu filho.

Você pode esperar pacientemente que o Senhor aja no tempo e do jeito dEle.

Então, o que você pode fazer?
Você pode deixar Deus mudar você, assim como deseja que Ele mude o seu filho.
Você pode orar.
Você pode confiar que Deus não está apenas escrevendo a sua história; Ele também está escrevendo a história do seu filho.
Você pode esperar pacientemente que o Senhor aja no tempo e do jeito dEle.

Creia que Deus não está apenas escrevendo a sua história, mas Ele também está escrevendo a história do seu filho. E, exatamente por esse motivo, é que você pode resistir à tentação de pegar a caneta e escrever você mesmo a história. De modo mais específico, decida não interferir na maneira com que o Senhor está lidando com o seu filho, ou filha, ou neto, para levá-lo ao arrependimento ou aumentar a sua fé através das dificuldades.

E você pode demonstrar e declarar (e nesse processo internalizar essa verdade) que Deus é digno da sua adoração e confiança e que Ele continua sendo bom — mesmo que seu coração esteja partido, mesmo que as circunstâncias da vida do seu filho não cheguem a mudar no seu tempo de vida aqui na terra.

Esta é a caminhada de fé que agrada e honra o Senhor acima de tudo.

E esse é o mais precioso legado que você pode deixar para aqueles que virão depois de você.

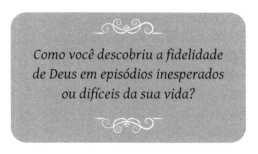

Como você descobriu a fidelidade de Deus em episódios inesperados ou difíceis da sua vida?

12

Você pode confiar em Deus quando perde uma pessoa amada

Ou você diz: "Eu aceito e me rendo a Ti,
Senhor!"... ou, então, você perde o rumo.
Porque não há como viver, a menos que você diga
a Deus: "Eu acredito que a Tua Palavra é verdadeira
e que Tu desejas o bem para mim!"

Peg Campbell

Nuvens brancas e fofas enfeitavam o céu azul, e a temperatura estava em torno dos 24 graus... Um dia perfeito de novembro no centro da Flórida. Porém, aquela cena que unia familiares e amigos próximos, no Cemitério dr. Phillips, não era nada aprazível. Eu (Robert) jamais imaginei que passaria por um momento como esse. Uma coisa é comparecer ao culto fúnebre de um conhecido, e outra é estar sentado na primeira fila, sepultando seu próprio cônjuge.

Sentei-me entre minhas duas filhas, segurando suas mãos. O pastor leu algo em um pequeno caderno de couro e depois encerrou com uma oração de consagração. Alguém da família atrás de nós começou a cantar. Outras vozes se juntaram ao canto, em doce harmonia:

> ... Nunca mudaste, tu nunca faltaste:
> Tal como eras, tu sempre serás.[1]

Bobbie foi minha esposa por quase 45 anos. Criamos nossos filhos e escrevemos livros juntos, e nos apoiamos e lutamos lado a lado durante sua longa enfermidade. Agora, eu me despedia dela pela última vez. Enquanto a terra ia, lentamente, abraçando seu caixão, uma estranha dormência me cobriu. Minhas filhas choravam muito. Eu, cansado demais para chorar, acompanhei com os olhos o caixão que baixava até chegar ao fundo da sepultura recém-aberta.

Agora eu acrescentaria um novo título ao meu nome: viúvo. Foi um momento solene e difícil. Precioso e doloroso. (Robert)

Agora eu acrescentaria um novo título ao meu nome: viúvo.

---

[1]CHISOLM, Thomas O. *Great is thy faithfulness* (1923) ("Tu és fiel, Senhor!") Hymnary.org, acessado em 23 de janeiro de 2019, https://hymnary.org/text/great_is_thy_faithfulness_o_god_my_father. (NT: em português, disponível em https://harpacrista.org/hino/535-tu-es-fiel-senhor/).

Foi um momento solene e difícil. Precioso e doloroso. Embora minha família e eu estivéssemos determinados a confiar em Deus para escrever a história da nossa vida, esse não era o roteiro que teríamos escrito.

—⚓—

Eu (Nancy) desejaria muito encontrar e abraçar a mulher que, recentemente, me enviou esta mensagem:

> Como prosseguir com a minha vida sentindo uma dor tão avassaladora? Essa perda foi tão dolorosa que quase me paralisou.

Essas palavras, sem dúvida, expressam o que alguns leitores estão experimentando. Talvez um sentimento de perda e dor tenha levado você a ler este capítulo primeiro. Embora eu não possa saber ou sentir exatamente o que você está vivendo, a morte e o luto me são bem conhecidos. De fato, durante algum tempo, quando eu tinha entre 20 e 30 anos, parecia que minha família se reunia com mais frequência em funerais do que em qualquer outra ocasião.

Perder meu pai no final de semana do meu 21º aniversário foi muito dolorido. Ele tinha 53 anos e deixou uma viúva de 40 anos e sete filhos com idades entre 8 e 21 anos. Seis anos depois, a mãe de minha mãe — a única avó que conheci — morreu pouco depois de se mudar para nossa casa. Menos de um ano depois, sepultamos a única irmã de minha mãe, que morreu de uma doença pulmonar rara aos 38 anos, deixando um marido enlutado e três filhos pequenos. E então, três meses depois, recebi uma ligação com a notícia de que meu irmão David, de 22 anos, cursando o terceiro ano na Liberty University, havia sofrido um grave acidente de automóvel e tinha poucas chances de vida. Fui imediatamente para a Filadélfia, onde meu "irmãozinho" lindo, generoso e divertido estava no leito na UTI do Hospital da Universidade da Pensilvânia, ligado a aparelhos de suporte à vida. Pelos sete dias seguintes, nossa família se amontoou naquele hospital, esperando contra a esperança, sem saber bem como orar, até que o coração de David finalmente parou de bater e fomos deixados com seu corpo sem vida.

A morte é real... como é o luto que sempre a acompanha. Ao longo dos anos, nós dois acompanhamos e choramos ao lado de amigos que perderam entes queridos — um santo homem idoso que completou bem sua carreira; uma jovem saudável; um homem levado no auge da vida; ou um bebê recém-nascido cuja vida na terra mal começara. Talvez nenhuma tristeza supere a perda de um filho. Tudo dentro da alma grita: "Não era para ser assim!" Porém, independentemente de quão inesperada, ou esperada seja, e de quais forem os detalhes, a perda de uma pessoa amada é sempre dolorosa.

Talvez nenhuma tristeza supere a perda de um filho. Tudo dentro da alma grita: "Não era para ser assim!"

Eu (Nancy) estava de férias com amigos no litoral noroeste do Pacífico em setembro de 1998, quando recebemos a notícia de que Anthony Jones estava desaparecido. Seus pais, **Tom e Danna Jones**, eram meus queridos amigos desde que Anthony tinha 12 anos. (Na adolescência, esse jovem "sarado" gostava de dizer que era meu guarda-costas pessoal!)

Nos dezessete dias seguintes, todos oramos e esperamos ansiosos por alguma notícia sobre o paradeiro de Anthony.

Quando Robert e eu conversamos com Tom e Danna sobre aquele período terrível, cerca de vinte anos depois, os detalhes ainda estavam vívidos na mente deles.

O desaparecimento de Anthony ocorreu no final de um longo período de eventos estressantes e traumáticos. Tom perdeu o seu pai. Danna teve problemas sérios de saúde. Eles adotaram duas crianças que haviam sofrido abusos graves, e elas adoravam o irmão mais velho, Anthony. E Anthony também lutou desde o ensino médio com o vício em álcool.

Recentemente, porém, a vida parecia ter se acalmado um pouco. Pela misericórdia de Deus, Anthony havia se internado em uma clínica cristã na qual conhecera Jesus como Salvador. Ele havia voltado para casa e estava sóbrio havia um ano. Embora morasse em seu próprio apartamento a alguns quilômetros de distância, ele ligava diariamente para seus pais... até que um dia essa ligação não aconteceu.

Três dias se passaram sem que ninguém tivesse notícias de Anthony. As ligações feitas a ele não eram respondidas. Ninguém atendia em seu apartamento, que parecia vazio. A família estava preocupada e receosa.

A polícia foi, então, acionada. A mídia local acompanhou a história, e muitas pessoas vasculharam a área em busca de Anthony, mas não havia sinal dele.

Duas torturantes semanas se passaram. Finalmente, desgastados emocionalmente, Tom e Danna se ajoelharam e imploraram ao Senhor que lhes mostrasse onde estava o filho.

Na manhã seguinte, em um sábado de outubro, Tom finalmente foi ao apartamento de Anthony para recolher seus pertences. Sozinha em casa, Danna viu pela janela da frente dois casais de amigos próximos, incluindo o pastor e a esposa, caminhando em direção à porta.

Danna sabia por que eles tinham vindo.

Eles tocaram a campainha, e Danna abriu a porta. O pastor disse que um veículo que correspondia à descrição do carro de Anthony havia sido retirado de um riacho próximo. Ele leu um número de placa.

"Sim, é o carro dele", disse Danna. O pastor olhou ternamente para ela. "Encontraram um corpo no carro."

Danna sabia em seu coração que era o corpo de seu filho. Uma torrente de emoções se seguiu. Claro, ela estava agradecida por ele ter sido encontrado. Mas, ao mesmo tempo, a perda de esperança a fez gemer profundamente. "Foi tão definitivo", ela nos disse.

Quando Tom voltou do apartamento de Anthony e viu o clima triste daquela reunião, percebeu na hora do que se tratava.

"Você entra em choque", Tom nos disse. "Essa sensação é como um presente de Deus para o nosso sistema orgânico, para nos proteger física e emocionalmente. Perder um filho não é a ordem natural das coisas. Isso nos confunde. Parece de cabeça para baixo, de trás para a frente."

"Nesse ponto", disse Tom, "ou você rompe completamente com Deus, ou chega a tal ponto de necessidade que se rende totalmente e O busca de uma nova maneira". Muitos fazem a primeira escolha. Ele e Danna fizeram a segunda.

"Desde o início de nossa jornada", disse Danna, "fiz o propósito de não perder minha alegria, independentemente das lutas, mágoas e sofrimento. Queríamos dar um bom testemunho de Cristo".

Porém, mesmo com essa convicção, as emoções de Tom e Danna tinham altos e baixos. Pouco tempo depois que Anthony partiu, certa manhã Tom acordou bem cedo, consciente da realidade de que nunca mais veria o filho. Ele chorou descontroladamente. Tudo o que conseguia dizer era: "Meu filho, meu filho, meu filho!"

Isso também ocorreu com Danna quando, um dia, ela se sentou no sofá da sala e, abraçada por Tom, gritava: "Meu bebê, meu bebê, meu bebê!"

Sabemos que a morte de um filho pode trazer uma pressão enorme para o casamento — chegando às vezes ao ponto de ruptura. No entanto, a morte de Anthony uniu esse casal ainda mais. Ao se aproximarem do Senhor, eles também se aproximaram um do outro. E repetidamente Deus Se revelou a eles — e através deles — a outros.

Três anos depois de sua perda, Danna chegou ao que chamou de "ponto crucial". Um dia, olhando pela janela da cozinha, ela questionou o Senhor: "Por que o Senhor levou meu filho? Eu quero meu filho! Seu filho Jesus morreu, mas o Senhor sabia que Ele iria ressuscitar".

Então ela ouviu, em seu coração, a voz mansa do Pai:

— Eu lhe dei meu filho, e seu filho também ressuscitará.

Esse momento confirmou no coração de Danna a confiança de que Deus estava fazendo algo bom, e de que ela e Tom veriam o filho novamente.

"Perder um filho o qualifica para ingressar em um clube do qual você não deseja ser membro", disse Danna quando conversamos com ela e Tom sobre toda aquela experiência. "A taxa de inscrição é muito alta. E é um lugar solitário, especialmente quando você está com seus amigos, ouvindo tudo o que os filhos deles estão fazendo, pensando na vida que você esperava ter com seu filho."

No entanto, Danna e Tom nunca perderam a convicção de que Deus tinha um propósito ao fazê-los passar por esse processo, e ambos continuam firmes com o compromisso de confiar nEle para escrever toda a sua história, mesmo nas partes mais dolorosas. "A vida não é como um *self-service*", refletiu Tom, "em que você desliza sua bandeja pelos trilhos cromados e escolhe o que deseja". Ele falou pelos dois quando disse:

> A soberania de Deus é o fundamento de tudo para nós agora. É o que nos sustenta. Ele escreve a nossa história. Ele é o Autor e o Consumador da nossa fé. Essa é uma verdade inquestionável.

—⊰⊱—

A perda de um filho é sempre arrasadora, não importa que idade ele tenha.

O filho de **Chase e Katie Kemp**, Job (como o Jó da Bíblia), tinha 5 anos quando foi diagnosticado com um grande e complexo tumor cerebral. Nos 135 dias seguintes, essa criança emocionou a igreja toda, enquanto travava uma corajosa batalha contra essa forma agressiva de câncer infantil. Ele faleceu pouco antes de seu 6º aniversário.

Jennifer, uma amiga íntima que foi professora da Escola Dominical de Job e passou por essa perda junto com a família, compartilhou conosco um momento inesquecível no funeral da querida criança. Em um momento do culto, o pai do menino se levantou de seu assento na primeira fila. Ele é um homem alto, e Jennifer imediatamente se lembrou de algo que o pequeno Job lhe dissera cerca de um ano antes.

Numa manhã de domingo, Job chegou para a aula com sapatos novos — sapatos que pareciam uma versão infantil de uma bota de adultos. Ele orgulhosamente os mostrou à "professora Jennifer" e lhe disse que um dia seus pés seriam tão grandes quanto os de seu pai.

Essa lembrança veio à mente de Jennifer quando Chase caminhou até o microfone para recitar um texto bíblico em homenagem a seu filho, que agora todos sabiam que não chegaria a ser tão grande quanto seu pai.

"Eu estava com raiva", lembrou Jennifer. "Eu estava chorando — muito triste e confusa."

Então algumas palavras saíram da boca daquele pai em luto — cada uma delas pronunciada intensamente e saturada de profunda emoção:

Bendize, ó minha alma, ao Senhor, e tudo o que há em mim bendiga o seu santo nome.

Com voz potente e braços abertos, Chase recitou todos os 22 versículos do Salmo 103. Em vários momentos, ele bateu no peito com seus braços grandes e fortes, enquanto lutava contra a dor para afirmar o que sabia ser verdade.

Em sua dor palpável, Chase liderou sua jovem família e toda a congregação em adoração ao Senhor. Os presentes naquele dia — como Jennifer — nunca se esquecerão dessa mensagem poderosa. O pequeno Job se parecia tanto com seu pai que olhar para Chase era quase como ver o futuro de Job. Agora estava claro que esse futuro nunca chegaria. Não fez sentido na época, e não faz sentido agora para a mãe, para o pai e para os irmãos de Job ou para a família da igreja. No entanto, Jennifer nos disse:

> Em meio à nossa tristeza, bendizemos ao Senhor. Confiamos no Senhor. Lembramos como Deus deu a esse garoto especial uma percepção extraordinária sobre Sua natureza e caráter, mesmo aos 3 anos de idade, quando o pequeno fazia perguntas sobre a Trindade e pedia que eu a desenhasse para ele. Sabemos que Job conhecia a Deus. E sabemos que Job está com Ele hoje.

A morte de Job chegou muito mais cedo do que se poderia imaginar. Seus pés nunca seriam tão grandes quanto os do pai. No entanto, o impacto de sua curta vida, e de sua morte, foi profundo:

> *Como um pai se compadece de seus filhos, assim o* Senhor *se compadece daqueles que o temem* (Sl 103.13, ARC).

—✢—

Em 14 de fevereiro de 2005, eu (Nancy) estava na sala de espera de um hospital em Anaheim, Califórnia, ao lado de amigos e familiares de Jon Campbell, que passava por uma cirurgia complicada para remover o esôfago.

Na mesma rua, no Centro de Convenções de Anaheim, milhares de participantes da convenção anual da *National*

Religious Broadcasters [Organização Nacional dos Radiodifusores Cristãos] oravam sinceramente por esse colega e amigo querido que lutava pela vida.

Junto com sua esposa, Peg, e seu irmão, Jim, Jon liderou a *Ambassador Advertising Agency* [Agência de Propaganda Embaixador], uma organização que sustenta muitas emissoras cristãs e os ministérios que elas representam. Agora ele lutava pela vida. Depois de sobreviver a uma crise de dois anos da doença de Hodgkin 25 anos antes, ele recentemente havia sido diagnosticado com câncer de esôfago. A taxa de sobrevivência para alguém em sua condição naquele estágio era de 4%.

Após o diagnóstico, **Peg Campbell** recorda que sentiu como se sua vida estivesse girando fora de controle, enquanto fazia o possível para dar o apoio de que Jon precisava na tempestade que estavam enfrentando. Em um dos dias mais difíceis após a cirurgia de Jon, eles foram juntos a um ambulatório para colocar um acesso para a quimioterapia.

"Eu não vou fazer a quimioterapia", Jon falou quando aguardava sentado na sala de espera da clínica. Ele estava totalmente debilitado. O prognóstico era muito grave, e os dois já estavam nessa batalha havia muito tempo. Na melhor das hipóteses, a quimioterapia apenas retardaria o inevitável. É claro que Peg queria que Jon continuasse lutando, mas ela também queria respeitar sua decisão de recusar a continuar com o tratamento. Ambos sabiam que, exceto por intervenção divina, em breve estariam enfrentando sua morte.

Jon viveu mais quatro meses depois da cirurgia, antes que o Senhor o levasse para casa. Foram quatro meses de sofrimento, marcados por uma dor insuportável.

Porém, em meio às realidades sombrias daquele período, também houve momentos de riso e horas de canto com a mãe de Peg ao piano e a presença do pai. Alguns dias antes da morte de Jon, eles se reuniram com seus queridos amigos Ken e Joni Tada e outros familiares, e cantaram juntos na sala de estar dos Campbells.

Peg se recorda daquele encontro como uma "reunião sagrada", mas ela também se lembra de como Jon parecia frágil, ali sentado com os olhos fechados e ouvindo-os cantar. "Morrer não é uma coisa bonita", ela nos disse. "É muito, muito, muito difícil." Se você já passou por isso com uma pessoa amada, você sabe. Durante a maior parte da vida, não importa qual desafio enfrentemos, há um fio de esperança de que, de alguma forma, vai melhorar — um relacionamento será restaurado, as finanças melhorarão... Só que a morte corta esse fio. A guilhotina cai. Um lado é separado do outro.

Em 22 de junho de 2005, Jon passou desta vida para a próxima, e aqueles que o amavam tiveram de lidar com a dor de viver sem ele. "Nunca mais segurarei a mão de Jon", Peg nos disse baixinho.

Em uma atualização por *e-mail* escrita exatamente um ano após a morte do marido, Peg não tentou açucarar sua experiência:

> De muitas maneiras, eu me sinto como o corredor velocista que chega à exaustão e cambaleia, tentando recuperar o equilíbrio... ou o nadador em um mar revolto, seguidamente atingido por muitas ondas. Eu gostaria muito de saber como manter o equilíbrio enquanto estou sendo virada de cabeça para baixo e do avesso.

Com a morte de Jon, a vida de Peg mudou drasticamente. "Este não é um novo capítulo; é um livro totalmente novo", ela diz. Porém, dia após dia, como podem atestar aqueles que a conhecem e a amam, ela conseguiu prosseguir com uma graça notável, confiando em Deus para escrever sua história depois do último capítulo com a presença de Jon.

Uma das mudanças na vida de Peg incluiu a oportunidade de ensinar e mentorear alunos em uma universidade cristã. Ela compartilha sua história com eles, além do acrônimo que ela chamou de *G.R.A.C.E. Toolkit*.[2] Os cinco elementos apresentados por esse recurso mnemônico a ajudaram a ter controle, sobreviver e sair-se bem em sua nova realidade:

- **Gratidão** — Não se queixe nem sinta raiva e tristeza permanentes (por mais compreensível que isso pareça) e opte por ter um espírito de gratidão.
- **Relacionamentos** — A comunidade do corpo de Cristo é uma das maneiras pelas quais Deus infunde graça na nossa vida e segura firmemente o nosso coração.
- **Avanços** — Confie que Ele fornecerá a força e a graça necessárias para fazer o que for exigido de você.
- **Chamado** — Deus tem um plano para você nessa situação. O que Ele quer que você faça que não seria possível se você não tivesse sofrido essa perda?
- **Alvos eternos** — Mantenha a direção e o foco eternos a cada dia de sua vida aqui na terra.

---

[2][NT] *Ferramentas da Graça* — em inglês, as iniciais de G.R.A.C.E. correspondem às letras da palavra que significa "**graça**", facilitando sua memorização.

*Deus tem um plano para você nessa situação.
O que Ele quer que você faça que não
seria possível se você não tivesse sofrido
essa perda? (Peg Campbell)*

Peg não quer perder os presentes reais que o luto lhe trouxe. "O processo de luto é um tempo sagrado", Peg nos lembrou. "É fácil voltar à normalidade e esquecer a intimidade com Jesus experimentada em seu sofrimento profundo" — algo que ela está decidida a não deixar acontecer.

George Müller (1805-1898) é lembrado por criar e manter inúmeros lares para cuidar de órfãos em Bristol, Inglaterra, e por confiar em Deus para suprir as necessidades daquelas crianças, além de outros inúmeros ministérios fundados e supervisionados por ele.

Ao longo de sua longa vida, Müller confiou profundamente na bondade e na soberania de Deus, mas isso não o poupou de muitos sofrimentos e provações. Ele atravessou períodos de intensa dor física. Também enfrentou a morte de duas esposas a quem amava. A primeira esposa, Mary, teve quatro filhos, dois dos quais natimortos e um deles morto com 1 ano de idade. Após 39 anos de casamento, Mary morreu de febre reumática. Poucas horas depois de sua morte, Müller foi a uma reunião de oração à noite na capela de Salem, onde orou e louvou ao Senhor.

VOCÊ PODE CONFIAR EM DEUS QUANDO PERDE UMA PESSOA AMADA

Cinco dias depois, diante de 1.200 órfãos e milhares de amigos enlutados, ele pregou um sermão no funeral da esposa. O texto foi Salmo 119.68:

Tu és bom e fazes o bem (ARA).

Esse versículo é particularmente precioso para mim (Nancy). No dia 1º de setembro de 1979, ao receber a notícia de que meu pai havia acabado de morrer de ataque cardíaco, o primeiro pensamento que passou pela minha cabeça — antes do enorme sentimento de perda que se seguiu — foi esse versículo, que eu havia lido dias antes, e que Deus em Sua bondade me trouxera à mente. Naquele momento, e em muitas outras ocasiões, essa afirmação foi uma âncora para meu coração dolorido.

No funeral, a mensagem de Müller incluiu três pontos básicos baseados no mesmo versículo:

1. O Senhor foi bom quando me permitiu casar com minha esposa.
2. O Senhor foi bom por um longo tempo, deixando-a comigo.
3. O Senhor foi bom ao tirá-la de mim.[3]

Posteriormente, refletindo sobre sua provação, Müller escreveu:

---

[3]MÜLLER, George. *Autobiography of George Müller, or A million and a Half in Answer to prayer*, comp. G. Fred. Bergin. London: Pickering & Inglis, 1929, p. 431.

Meu coração estava tranquilo e eu estava satisfeito com Deus. E tudo isso ocorre [...] quando confiamos nas promessas de Deus, acreditando no que Ele diz.[4]

Em todas as épocas e circunstâncias, incluindo momentos de profundo pesar e sofrimento, George Müller confiou na soberania e bondade de Deus. Isso fez toda a diferença na vida dele, como faz hoje na nossa também.

> *Como você descobriu a fidelidade*
> *de Deus em episódios inesperados*
> *ou difíceis da sua vida?*

---

[4]MÜLLER, George. *A narrative of some of the Lord's dealing with George Müller, Written by Himself, Jehovah Magnified:* Addresses by George Müller, Complete and Unabridged, Vol. 2. Muskegon, MI: Dust and Ashes, 2003, p. 392–393.

13
Você pode confiar em Deus ao enfrentar a morte

Somente quando nosso amor maior é Deus,
um amor que não acaba nem com a morte,
é que podemos enfrentar tudo em paz.[1]

Nascida em 1914, a professora Gladys Greathouse era um ícone na *Taylor University*, onde presidia o Departamento de Teatro e supervisionava as produções teatrais da escola na década de 1960. Até o meu (Robert) último ano do ensino médio, eu não tinha interesse nesse tema. No entanto, depois de gastar algum tempo no palco em nosso *show* de variedades, o "bichinho da atuação" começou a me mordiscar. E, por esse motivo, quando cheguei à Taylor em 1965, inscrevi-me para atuar em uma peça.

---

[1] KELLER, Timothy. *Walking with God through Pain and suffering*. New York: Penguin, 2013, p. 44.

Nas semanas que antecederam nossa apresentação, aprendi que essa mulher de sobrenome engraçado[2] conseguia ser, ao mesmo tempo, gentil e rigorosa. Ela amava seus alunos e demonstrava isso através de firme disciplina. Com cerca de 1,5 metro de altura, Gladys era uma torre alta de força e determinação.

O que mais me lembro dela era sua insistência em ensaios focados. Quando nos reuníamos em uma sala poeirenta no térreo para ler nossas falas e ensaiar nossos movimentos, nem a mais leve brincadeira era tolerada.

Se ensaiar bem, dizia ela, *você se apresentará bem*.

Essas palavras permaneceram gravadas na minha mente, e aprendi que elas se aplicam muito além da preparação para uma peça de faculdade.

Mais de cinquenta anos depois de receber esse conselho de Gladys Greathouse, em uma tarde quente de verão no Michigan, visitamos dois amigos queridos em sua casa. Nancy conhecia **John e Tammy Wreford** desde antes de se casarem nos anos 1980 e compartilhara muitas experiências de vida com esses humildes e fiéis seguidores de Cristo.

"Se ensaiar bem, você se apresentará bem."
(Gladys Greathouse)

---

[2][NT] Em inglês, *Greathouse* significa "casa grandiosa".

Tammy nos encontrou à porta. Olhamos para a sala e vimos John sentado em sua poltrona. Ele nos deu as boas-vindas.

Quando nos aproximamos de nosso amigo, ficamos surpresos com o que vimos. Ele estava muito inchado, e sua pele estava muito esticada. Tufos de cabelos brancos desgrenhados saíam do topo de sua cabeça, e semanas de barba branca desalinhada cobriam suas bochechas, queixo e pescoço. Disseram que ele tinha no máximo algumas semanas de vida. A clínica fazia atendimento domiciliar, ajudando a mantê-lo confortável em seus últimos dias.

Durante meses, vimos esse casal atravessar águas agitadas e profundas com calma e coragem extraordinárias, e perguntamos se eles conversariam conosco sobre como é confiar em Deus quando se enfrenta a morte.

Colocando duas cadeiras perto de John, sentamo-nos de frente para ele. Suas pernas brancas quase luminescentes se projetavam diretamente à nossa frente. Tammy se sentou em uma cadeira ao lado do marido. Pondo gentilmente a mão no tornozelo nu de John, Robert começou nossa visita agradecendo ao Senhor por John e Tammy e por sua fé inabalável ao longo daquela extenuante jornada.

Então, nós quatro conversamos.

Analisamos a linha do tempo da enfermidade de John, desde quando, catorze meses antes, ele soube que seu indicador de PSA estava muito elevado e foi diagnosticado com câncer de próstata. Ele e Tammy nos contaram sobre o complexo, e às vezes frustrante, labirinto em que viviam desde então — médicos, clínicas, exames, agulhas, infusões e medicamentos com nomes impronunciáveis.

John, concentrado, falava com seu sotaque britânico (ele crescera no Zimbábue quando ainda era a Rodésia britânica). Ocasionalmente, ele tomava um gole de água. Fazíamos, então, uma pausa para esperá-lo.

John nos disse que havia feito profissão de fé quando jovem, mas só havia entregado totalmente sua vida a Cristo anos depois. Ele também falou sobre alguns dos desafios de sua vida, incluindo a perda repentina de sua primeira esposa, com um diagnóstico não fechado de um aneurisma cerebral, apenas dezoito meses após o casamento.

Conversamos um pouco mais, e então Robert perguntou a John: "Se você estivesse no meu lugar e eu estivesse no seu, o que você me diria?"

John ficou quieto por alguns momentos antes de responder.

"Eu diria", ele iniciou, "que lidar com esta doença não é algo que começa quando se recebe o diagnóstico. Esse momento é a continuação de uma jornada que começou anos antes". Ele fez uma pausa e continuou:

Deus nos abençoou de muitas maneiras ao longo dos anos. Só que vivemos em um mundo pecaminoso, e coisas ruins acontecem. Temos de aceitar tanto o bem quanto o mal, confiando que Deus sabe o que está fazendo e está no controle.

Ele nos disse que, à medida que o câncer progredia e os tratamentos pareciam não surtir efeito, percebeu que tinha uma escolha:

Eu poderia ter dito: "Por que eu?" Muitas pessoas fazem isso. Ou eu poderia indagar: "Deus, o que o Senhor pretende fazer na minha vida com tudo isso?" É assim que tenho vivido nos últimos anos. Então, eu estou em paz com esse diagnóstico desde o primeiro dia.

Gladys Greathouse pontuou de forma primorosa: "Se ensaiar bem, você se apresentará bem".

Então, perguntamos: "E as próximas semanas?", "E sua morte?"

"Não tenho medo da morte", disse ele sem hesitar. "Não estou angustiado." Então, depois de respirar profundamente, completou: "... mas não estou desejoso de saber como serão meus últimos dias".

Os olhos de Tammy se encheram de lágrimas. Os nossos também...

John não era o único a sentir-se assim. Dias antes, eu (Nancy) havia pedido a um grupo de mulheres que compartilhasse alguns dos desafios de envelhecer. Uma das mulheres certamente falou por muitas delas, ao declarar: "Não tenho medo da morte, mas estou apreensiva com 'o ato de morrer'". Com certeza, todos podemos nos identificar com ela, pois creio ser geral termos algum tipo de apreensão sobre como se dará esse ato. Haverá dor? Estaremos sozinhos? Teremos medo?

É claro que ninguém, exceto o próprio Deus, tem as respostas para essas perguntas. Podemos, no entanto, encontrar conforto e inspiração na alegoria imortal de John Bunyan, em *O peregrino*. Esse livro foi publicado pela primeira vez em 1678. Esse conto clássico narra a jornada de um personagem chamado Cristão enquanto ele viaja em direção à Cidade Celestial.

Cristão sofre uma série de provações e tentações angustiantes em sua jornada, mas, finalmente, ele e seu companheiro, Esperançoso, se aproximam do destino final (em termos alegóricos, esse é um paralelo à nossa abordagem da morte). Pode-se supor que o desfecho seria fácil, mas não é. A visão do rio profundo e caudaloso que corre entre os peregrinos e o portão da cidade causa grande ansiedade a Cristão. A descrição de Bunyan é requintada, pois descreve a apreensão de Cristão (e a nossa) para cruzarmos essa barreira:

> Os peregrinos, em especial Cristão, desanimaram profundamente e, olhando de um lado e de outro, não viam alternativa que lhes permitisse contornar o rio [...].
> Então, decidiram entrar na água; e, entrando, Cristão começou a afundar, bradando então ao bom amigo Esperançoso: — Afundo em águas profundas, as vagas me encobrem a cabeça [...].
> Falou então o outro: — Tenha bom ânimo, meu irmão. Sinto o fundo, e é bom... Esperançoso também tentava consolá-lo. Dizia: — Irmão, já vejo o portão adiante, e há homens ali de pé para nos receber [...].
> Esses tormentos e aflições que você sofre nessas águas não são sinais de que Deus o abandonou, mas pretendem colocá-lo à prova, para ver se você se lembrará ou não daquilo que até aqui recebeu da sua bondade, confiando nele em meio a toda essa angústia [...].
> Então os dois criaram coragem, e o inimigo, depois disso, se fez mudo como pedra, até alcançarem a outra margem. Cristão imediatamente encontrou apoio para os pés no

leito do rio, e o resto da travessia se deu em águas rasas. E assim chegaram ao portão.[3]

———✂———

"Tenha bom ânimo, meu irmão. Sinto o fundo, e é bom." Esta é a mensagem que nosso amigo John sempre compartilhou com os que o rodeiam, durante o processo de atravessar o rio para seu lar eterno. Ele não foi leviano nem entrou no que se chama de negação da morte, mas permaneceu confiante da presença de Cristo a seu lado a cada passo do caminho.

Nossa conversa com John e Tammy, em sua casa, terminou com uma terna oração. Pedimos ao Pai que concedesse a John uma passagem segura e suave para o céu, e que ficasse perto de Tammy, sua esposa há 55 anos e que, salvo intervenção divina, logo ficaria viúva.

Ao sairmos, nos demos conta de que, provavelmente, essa seria a última vez que veríamos John aqui. A caminho de casa, conversamos sobre o que haveria para ele em seus últimos dias na terra e depois no céu. E conversamos sobre uma cena comovente do filme *O Senhor dos Anéis: o retorno do rei*, de 2003, a parte final da adaptação magistral da trilogia de J. R. R. Tolkien, feita por Peter Jackson. Um *hobbit* chamado Pippin e o mago Gandalf se aproximam um do outro e olham-se fixamente, enquanto um inimigo feroz os cerca; era a morte esmurrando a porta.

---

[3]BUNYAN, John. *O peregrino* [livro eletrônico]. Trad. Eduardo Pereira e Ferreira. São Paulo: Mundo Cristão, 2013, cap. 20.

Pippin lamenta silenciosamente: "Eu não pensei que terminaria assim". "Terminar?", diz Gandalf de modo inquisitivo. "Não, a jornada não termina aqui. A morte é apenas outra estrada... uma estrada que todos iremos trilhar. A cortina cinza e chuvosa deste mundo se abrirá, e tudo será transformado em cristal prateado... e então você verá..."
"O quê? Gandalf?... verei o quê?"
"Praias brancas... e além, um país muito verdejante sob um fulgurante nascer do sol."
"Bem, isso não é tão ruim."
"Não... não é."[4]

Durante nossa inesquecível visita a John Wreford, fomos lembrados de que temos uma forte garantia do que está além da "cortina cinza e chuvosa deste mundo" — talvez não os detalhes, mas a essência.

A chave para termos paz nas páginas finais da nossa vida na terra é confiar nEle desde os capítulos anteriores.

E de onde tiramos essa certeza? A chave para termos paz nas páginas finais da nossa vida na terra é confiar nEle desde

---

[4] *The Lord of the Rings: the return of the King* (2003) Quotes, IMDb (International Movie Database *website*), acessado em 25 de janeiro de 2019, https://www.imdb.com/title/tt0167260/quotes/?tab=qt&ref_=tt_trv_qu.

os capítulos anteriores. É ter em vista que a maravilha que está por vir nos capacitará a confiar quando estiver muito difícil de lidar com a trama desenrolada em nossa vida.

A experiência que aguardava os dois peregrinos de Bunyan do outro lado daquele rio revolto fez com que sua jornada longa e difícil valesse a pena. De fato, esse foi o objetivo de toda a jornada.

> Então vi em meu sonho os dois homens passando pelo portão, e eis que, entrando, se transfiguraram e receberam vestes que resplandeciam como ouro. Também alguns os receberam com harpas e coroas, que lhes foram dadas: a harpa para o louvor e as coroas como sinal de honra.
> Nesse momento, ouvi em meu sonho que todos os sinos da cidade repicavam de júbilo, e aos peregrinos se disse: *Participe da alegria do seu Senhor* (Mt 25.21) [...].
> Enquanto os portões estavam abertos para a entrada dos dois, acompanhei-os com o olhar, e eis que a cidade brilhava como o sol. As ruas também eram revestidas de ouro, e nelas caminhavam muitos homens com coroas na cabeça, ramos nas mãos e harpas douradas para cantar louvores.
> Havia também seres alados, que respondiam uns aos outros sem interrupção, dizendo: "Santo, Santo, Santo é o Senhor". Mas logo se fecharam os portões. E depois de ver tudo aquilo, desejei estar entre eles.[5]

---

[5]BUNYAN, John. *O peregrino* [livro eletrônico]. Trad. Eduardo Pereira e Ferreira. São Paulo: Mundo Cristão, 2013, cap. 20.

Exatamente três semanas após termos ido visitá-lo, nosso amigo John passou para a outra margem. Entramos na fila para abraçar e confortar sua viúva, seu filho jovem e outros membros da família. Abraçamos Tammy, confirmamos a ela nosso amor e orações e comentamos sobre o modo pelo qual ela e John demonstraram aquela confiança pura e simples à medida que o Senhor escrevia sua história. Com um sorriso sincero, ela nos disse: "Eu tenho cantado um hino que aquece meu coração! É só pela graça do Senhor". Sua maravilhosa graça. Um dos momentos mais tocantes do funeral foi assistir ao videoclipe de uma entrevista com John que um colega havia gravado cerca de cinco meses antes. Com voz firme, John disse:

> Eu quero terminar bem a corrida. Não importa o que aconteça, Deus está no controle. Se é minha hora de morrer, quero glorificar a Deus na morte e mostrar às pessoas que Ele continua sendo fiel, que Ele continua sendo bom.[6]

Em certo sentido, a história que Deus escreveu sobre John fora agora concluída. Ele não sente mais dor, não precisa mais suportar o ir e vir aos médicos, nem se preocupar com o que o futuro lhe reserva. Ele está em casa com Aquele em quem confiou para escrever sua história.

Porém, em outro sentido, é claro, a história de John continua. Ele passará a eternidade adorando e servindo ao Cristo a quem adorou e serviu aqui na terra. Deus continua trabalhando na vida daqueles que ficaram — daqueles que

---

[6]Entrevista gravada em um culto para a equipe de *Life Action Ministries/ Revive Our Hearts* em 14 de fevereiro de 2018.

ele amou e pelos quais orou enquanto ainda estava deste lado do rio — continuando a exaltar Seu Filho *através* da história que Deus está escrevendo *através* deles.

Raramente presenciamos alguém encarar a morte com tanta tranquilidade e segurança como testemunhamos em John (e Tammy) nos últimos catorze meses. Eles, de forma bela e fiel, nos mostraram que, para aqueles que estão em Cristo, a morte realmente perdeu seu aguilhão.

Nenhum de nós pode saber de antemão o que Deus planejou em relação às circunstâncias e ao momento da nossa morte. O que sabemos é que nosso futuro está em Suas mãos e que todos os dias da nossa vida foram estabelecidos e planejados por Ele antes do dia do nosso nascimento.

Nenhum de nós pode saber de antemão o que Deus planejou em relação às circunstâncias e ao momento da nossa morte. O que sabemos é que nosso futuro está em Suas mãos e que todos os dias da nossa vida foram estabelecidos e planejados por Ele antes do dia do nosso nascimento (v. Sl 31.15 e 139.16). Enquanto sofria uma perda arrasadora e uma dor insuportável e, às vezes, desejando que a morte o libertasse de seu tormento, Jó afirmou:

> *O Senhor mesmo determinou a duração da vida humana; o Senhor decretou [...] limites que ele não pode ultrapassar* (Jó 14.5, NBV).

As boas-novas do evangelho são que, por meio da morte de Jesus na cruz, Ele — o nosso Salvador — *fez morrer a morte* e garantiu que todos os que nEle confiam viverão para sempre. Essa promessa foi feita por Ele à sua amiga Marta, que estava sofrendo muito pela morte de seu irmão, Lázaro:

> *Eu sou a ressurreição e a vida. Quem crê em mim, ainda que morra, viverá; e quem vive e crê em mim nunca morrerá. Você acredita nisso?* (Jo 11.25,26)

Você acredita nisso? Estejamos nós enfrentando nossa própria morte ou a de um ente querido que confia em Cristo, essa é a pergunta que Ele nos faz.

Nunca esquecerei as palavras de um amigo, ditas no funeral de meu irmão, décadas atrás: "Temos a tendência de pensar que David passou da terra dos vivos para a terra dos mortos, mas a verdade é que ele passou da terra dos que estão morrendo para a terra dos que estão vivos".

— Você acredita nisso?

Quando você crê dessa forma, a morte de um crente assume uma perspectiva totalmente diferente.

A dor da tristeza e da perda é real, mas também o é a paz de saber que o Salvador que venceu a morte o segura em Seus braços eternos, assim como aquele que se foi antes de você.

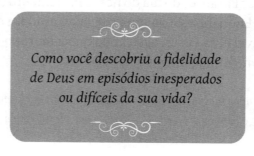

Como você descobriu a fidelidade de Deus em episódios inesperados ou difíceis da sua vida?

14

Surpreendidos

A História de Maria e José

> Deus não nos chama para viver tranquilamente. Ele nos chama para confiar nEle a ponto de não termos medo de nos colocar em situações em que teremos problemas se Ele não vier em nosso socorro.[1]
>
> *Francis Chan*

Após quatrocentos anos de silêncio ensurdecedor, o povo de Deus desistiu de querer ouvir Sua voz novamente.

Foram-se os dias do Criador falando com Seus amados no jardim... ou no topo do monte Sinai, através de trovões e relâmpagos... ou na sarça que queimava, mas não se consumia... ou através de Seus servos, os profetas... ou em sonhos e visões. Tudo isso parecia apenas fábulas.

---

[1] CHAN, Francis e YANKOSKI, Danae. *Crazy love: overwhelmed by a relentless God*. 2. ed. Colorado Springs: David C. Cook, 2013, p. 122.

Agora não havia nada, nem mesmo um sussurro. Nenhuma pessoa viva conhecia alguém que conhecesse outro alguém que O tivesse ouvido falar. Então, o que aconteceu com todas as promessas de Deus de que...

... A cabeça da serpente seria esmagada?

... O deserto seria transformado em pomar?

... Todo opressor injusto seria julgado, que os pecados de Seu povo seriam perdoados, os corações de pedra seriam transformados em corações de carne, e eles se tornariam uma luz para as nações?

E o que dizer de Sua promessa de enviar o "ungido" (Is 61.1)? Um Messias que iria...

> *... levar boas notícias aos pobres...*
>
> *cuidar dos que estão com o coração quebrantado,*
>
> *anunciar liberdade aos cativos, e libertação das trevas aos prisioneiros...*
>
> *para consolar todos os que andam tristes* (Is 61.1,2, *NVI*).

Tanto quanto o povo de Deus sabia, nada disso estava perto de acontecer. Pelo contrário, Roma reinava com punho de ferro. Doença e morte, opressão e engano, deixavam as pessoas sem esperança e sem vida. E a religião, longe de fornecer orientação e conforto, havia se tornado institucionalizada, impotente e vazia.

Teria o Deus da História esquecido completamente Seu povo?

Não, o cenário estava sendo preparado para o clímax de Sua história:

Mas, quando chegou o tempo certo, o tempo
determinado por Deus, ele enviou seu Filho,
nascido de mãe humana (Gl 4.4, NBV).

Na pequena e sossegada vila de Nazaré, na Galileia, uma jovem judia que teria, possivelmente, uns 14 anos de idade, estava noiva de um homem chamado José. Esse relacionamento não era como um namoro moderno de adolescentes. É mais provável que fosse a decisão de duas famílias que, reunidas em um jantar, começaram a conversar e decidiram que seus filhos deveriam se casar.

Mesmo assim, as esperanças e os sonhos da moça não seriam tão diferentes de qualquer outra jovem prestes a se casar: "Como seria a sua vida? Ela e o marido se dariam bem? Ela teria filhos? O que Deus tinha reservado para ela?"

Não é dito o que Maria estava fazendo, nem exatamente onde ela estava no momento da visitação do anjo. As Escrituras simplesmente dizem que *Deus enviou o anjo Gabriel* [...] *a uma virgem* (Lc 1.26,27, NBV). Essa não é a primeira vez que esse ser celestial aparece na Bíblia. O livro de Daniel, do Antigo Testamento, descreve outra visita:

Eu [Daniel] *estava procurando entender*
o que tinha visto, quando apareceu na minha
frente um ser que parecia um homem. E ouvi uma
voz humana [...] *que gritou assim:*
— Gabriel, explique a visão a esse homem.
Aí Gabriel chegou mais perto de mim, e isso
me deixou muito assustado. Eu me ajoelhei e
encostei o rosto no chão (Dn 8.15-17).

Lembre-se de que esse é o mesmo Daniel que esteve na cova dos leões, e ali ficou em paz e sem medo em meio a um bando de leões famintos. Então, o fato de ele ter se assustado pela aparição de Gabriel nos diz que esse mensageiro divino não era um ser comum.

A próxima vez que encontramos Gabriel é quando ele aparece para o sacerdote Zacarias. Como Daniel, *quando Zacarias o viu, ficou com medo e não sabia o que fazer* (Lc 1.12). O anjo deu ao sacerdote a notícia de que sua esposa, Isabel, conceberia o filho que eles tanto desejavam. Como Isabel já havia passado da idade de engravidar, essa notícia foi uma grande surpresa. Zacarias, então, teve dificuldade em assimilar a mensagem. De fato, ele duvidou abertamente do mensageiro de Deus, e este o deixou mudo até o nascimento do bebê. Depois disso, então, temos a visita de Gabriel a Maria. Pelo que sabemos sobre essa criatura imponente, não é de admirar que ela tivesse ficado com medo! O anjo, porém, procurou rapidamente acalmá-la e assegurar-lhe que Deus tinha uma missão extraordinária para sua vida:

> *"Não tenha medo, Maria", disse o anjo, "pois você encontrou favor diante de Deus. Ficará grávida e dará à luz um filho, e o chamará Jesus. Ele será grande, e será chamado Filho do Altíssimo"* (Lc 1.30,32, NVT).

Que mensagem notável! Tão notável quanto a resposta de Maria! Naquele momento, a jovem desistiu de se apegar ao roteiro que imaginou para si, permitindo que Deus escrevesse Sua história em sua própria vida. A resposta de Maria a essa notícia surpreendente foi simples, humilde e confiante: *Sou serva do Senhor. Que aconteça comigo tudo que foi dito a meu respeito* (Lc 1.38, NVT).

"Sim, meu Senhor!"
Há alguma outra resposta que possa ser dada ao Deus do universo? Que resposta dar quando Ele diz: "Quero que você seja parte do meu plano redentor na terra" ... quando Ele pede que abandonemos nossos planos e sonhos pelo Seu reino... quando Ele nos atribui uma tarefa muito além da nossa capacidade humana...
Sim, Senhor!

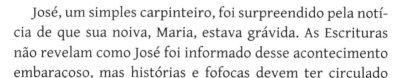

José, um simples carpinteiro, foi surpreendido pela notícia de que sua noiva, Maria, estava grávida. As Escrituras não revelam como José foi informado desse acontecimento embaraçoso, mas histórias e fofocas devem ter circulado rapidamente em uma vila pequena como Nazaré.

Juntamente com essa informação, que transtornou seu mundo, havia duas outras coisas que esse *homem justo*[2] (Mt 1.19, NBV) sabia com certeza:

1. Ele não era o pai do bebê que agora crescia no ventre de Maria, e
2. a lei era clara. Pela lei judaica, Maria poderia até ser executada se acusada de fornicação.

Só podemos imaginar como José deve ter ficado arrasado, acreditando que sua esposa prometida havia estado

---

[2]Outras traduções da Bíblia chamam José de *um homem bom* (VFL) ou um homem *que sempre fazia o que era direito* (NTLH).

com outro homem e que ele poderia perdê-la para sempre. É surpreendente que, em meio a tudo isso, José conseguisse dormir.

Não sabemos quanto tempo levou até Gabriel aparecer a José em sonho, mas não surpreenderia que um Deus misericordioso agisse rapidamente para levar conforto e esclarecimento a esse homem humilde. Como os sonhos parecem tão reais, às vezes até mais que a vida cotidiana, podemos assumir que a aparência desse poderoso mensageiro do céu deve ter petrificado José. Porém, ao final, a mensagem do anjo deve tê-lo confortado profundamente.

Não tenha medo. As primeiras palavras do anjo a José em Mateus 1.20 (as mesmas palavras que ele disse anteriormente a Maria) visavam incentivar o pai terreno de Jesus a confiar no resultado da história que seu Pai estava escrevendo. Não é essa a mesma mensagem de Deus para nosso coração quando somos confrontados com reviravoltas inesperadas em nossa própria história? *Não tenha medo!*

A resposta de José à mensagem do anjo revela sua disposição: *Quando José acordou, fez o que o anjo do Senhor havia mandado e casou com Maria* (Mt 1.24). Embora não pudesse entender o desenrolar dessa trama nem como os obstáculos previstos seriam superados, ele levou Deus a sério e fez o que lhe fora ordenado.

Não foi fácil para Maria e José aceitarem a narrativa que Deus escrevera para eles. Como qualquer futuro marido, José queria ser o "primeiro" da sua noiva. Ele queria ter filhos com ela e criar sua família, como as outras pessoas. Ele queria que não houvesse dúvida alguma sobre a pureza de sua esposa. No entanto, a História de Deus desafiou todos esses desejos — pelo menos no que diz respeito às aparências. Exigiu muito de José tomar Maria como sua esposa, quando todos provavelmente pensariam que ela havia dormido com outra pessoa. E, como todas as futuras noivas, Maria certamente sonhara em começar a vida como esposa de José. Ela imaginou seus filhos brincando com os amigos nas tranquilas ruas de Nazaré. Agora, um manto de vergonha a cobriria. A História de Deus também mudou seus planos.

Contudo, quando Deus visitou os dois para anunciar a mudança em seus planos, a resposta deles foi a mesma: "Sim, Senhor. Embora o seu roteiro para a nossa vida seja totalmente diferente daquele que escreveríamos, ainda que não possamos ver como o Senhor fará isso, e mesmo que não saibamos como explicá-lo a mais ninguém..., nós confiamos no Senhor".

Logo após a visitação do anjo, Maria viajou para o sul, rumo a uma cidade em Judá, para visitar sua prima mais velha, Isabel, esposa de Zacarias, cujo mundo também havia sido abalado pelo anúncio de uma gravidez não só inesperada, mas também impossível. As duas mulheres encontraram, uma na outra, alguém que entendia o que era confiar em Deus em meio ao inexplicável.

Quando as mulheres se viram, Maria ficou tão maravilhada e entusiasmada com tudo o que estava acontecendo que irrompeu em um poema de louvor. Hoje o conhecemos como o *Magnificat*, por causa da palavra em latim encontrada na primeira linha de sua canção:

A minha alma engrandece ao Senhor,
e o meu espírito se alegra em Deus, meu Salvador!
(Lc 1.46,47, *NBV*)

O cântico de Maria inclui mais de uma dúzia de citações e alusões do Antigo Testamento — algo extraordinário, considerando que não havia cópias pessoais das Escrituras disponíveis para leitura e que Maria, provavelmente, não sabia ler. Talvez ela as tivesse ouvido de algum escriba, ou seu pai as tivesse citado. Mas, independentemente de como ela tenha aprendido esses textos sagrados, a questão é que, diante da reviravolta totalmente imprevista em seus próprios planos, Maria *adorou*. Ela exaltou o caráter de Deus. Ela praticou e se apegou às promessas de Deus. Ela entendeu que essa mudança nos eventos não era a respeito dela; era sobre *Ele* e Seu plano de salvação.

A sua misericórdia vai de geração em geração,
a todos os que o temem. (Lc 1.50, *NBV*)

Maria reconheceu que estava vivendo um nanomomento em um vasto esquema eterno, orquestrado e definido pelo próprio Deus. As promessas de Deus contidas na aliança eram o fio que conectava as vidas, antes insignificantes, dela e de José, às gerações passadas e futuras. Olhando para trás, ela estava conectada com aqueles a quem essas promessas haviam sido feitas, e aqueles que creram em Deus mesmo sem verem o resultado de sua fé. Olhando para o futuro, ela seria um elo para o cumprimento das promessas de Deus por meio do Filho no seu ventre, para aqueles que creriam nEle por gerações ainda por vir.

> Ele cumpriu as promessas
> que fez aos nossos antepassados
> e ajudou o povo de Israel, seu servo.
> Lembrou de mostrar a sua bondade a Abraão
> e a todos os seus descendentes,
> para sempre. (Lc 1.54,55)

Após o choque inicial, a história de Maria e José continuou a ser diferente de tudo que eles escreveriam para si mesmos. Durante a gravidez de Maria, por exemplo, o imperador romano decretou que todos deveriam retornar à sua cidade natal para participarem de um censo. O quê? Era o pior momento para uma viagem de cerca 130 quilômetros de distância, de Nazaré a Belém! Não fazia nenhum sentido!

Maria reconheceu que estava vivendo um nanomomento em um vasto esquema eterno, orquestrado e definido pelo próprio Deus.

Nenhum sentido para nossa compreensão finita dos fatos. Só que fazia todo o sentido para Aquele que faz tudo *conforme o bom propósito da sua vontade, para o louvor da sua gloriosa graça* (Ef 1.5,6, NVI)... Aquele que revelara cerca de setecentos anos atrás que o Messias nasceria em Belém (Mq 5.2).

No tempo certo, o tempo determinado por Deus...

Se o jovem casal pudesse ver o futuro, perceberia que sua história, com dificuldades e mistérios para os quais não havia explicação humana, estava longe de terminar. Aos 8 dias de idade, quando levaram o menino Jesus ao templo para dar-lhe o nome e praticar os rituais de dedicação necessários, o idoso Simeão falou com Maria sobre as provações que ela ainda enfrentaria.

Este menino foi escolhido por Deus tanto para a destruição como para a salvação de muita gente em Israel. Ele vai ser um sinal de Deus; muitas pessoas falarão contra ele [...]. E a tristeza, como uma espada afiada, cortará o seu coração, Maria. (Lc 2.34,35)

Quando aquela mãe adolescente recebeu o filho recém-nascido dos braços do ancião e o segurou com firmeza, poderia ela prever o sentido daquelas palavras?

Ela não sabia que, mesmo antes de seu filho completar 3 anos, ela, José e o filho ainda bebê precisariam se mudar para um país estrangeiro, fugindo da ira de um rei inseguro e desconfiado, que queria proteger seu trono.

Ela não sabia que seu filho, que era pura bondade e amor, seria rejeitado e desprezado por aqueles a quem fora enviado para buscar, servir e salvar.

Ela não podia imaginar que três décadas depois, já viúva, ela veria seu primeiro filho ser traído, falsamente acusado, torturado e assassinado.

Sim, uma espada afiada cortaria o coração dessa mãe.

Embora ela não soubesse as reviravoltas exatas que sua história traria, essa jovem judia mostrou estar consciente de que sua história estava ligada a uma História muito maior que o Deus da História estava escrevendo. Quando o

Espírito Santo veio sobre ela, Maria entendeu que não era ela a protagonista dessa história, que sua vida fazia parte de uma obra-prima literária que Deus estava escrevendo para demonstrar Sua glória para a salvação daqueles que creem e também para o julgamento daqueles que O rejeitam.

"Confiar e obedecer" foram os verbos mais utilizados por Maria e José no desenrolar da História de Deus para sua vida. Eles ouviram Sua voz. Maria e José não tinham ideia — como nós também não temos — do que o futuro lhes traria, mas a confiança deles nAquele que é o Senhor do futuro era inabalável. Então, eles disseram *sim*. E, ao obedecer, eles assumiram papéis centrais na história maior que Deus estava escrevendo. A história desse casal foi vivida nos limites da história humana.

Maria e José não tinham ideia — como nós também não temos — do que o futuro lhes traria, mas a confiança deles nAquele que é o Senhor do futuro era inabalável. Então, eles disseram sim. E, ao obedecer, eles assumiram papéis centrais na história maior que Deus estava escrevendo.

Até onde podiam ver, estando na antiga Nazaré, eles não tinham como perceber o que, agora, é nítido para nós:

que o bebê nascido de Maria dividiria nosso calendário em a.C. e d.C. e que a redenção ansiada pelo povo de Deus viria através dessa criança, que era Deus encarnado.

O Deus Santo.

As boas-novas do evangelho envoltas em carne humana.

Aquele que veio para redimir e reescrever a História.

15

Consumado

A HISTÓRIA DE JESUS

> Quando esse fim chegar, leremos [...] todo o propósito de Deus como um grande poema, e não haverá um verso nele que tenha uma sílaba a mais, ou uma palavra a menos; [...] tampouco algum que tenha sido apagado, mas, do começo ao fim, veremos o Autor-mor e a Mente criadora extraindo uma gloriosa variedade de pensamentos majestosos.[1]
>
> *Charles H. Spurgeon*

Quando se vai ao teatro assistir a uma peça, na entrada recebe-se um programa que fornece um resumo da história que se está prestes a ver dramatizada. Com a ajuda de uma

---

[1] SPURGEON, Charles Haddon. *A feast for faith*, Sermão Nº 711, pregado em 16 de setembro de 1866 no *Metropolitan Tabernacle, The Spurgeon Center for Biblical Preaching at Midwestern Seminary*, acessado em 18 de fevereiro de 2019, https://www.spurgeon.org/resource-library/sermons/a-feast-for-faith#flipbook/.

moça sorridente segurando uma pequena lanterna, você é conduzido à sua fila e ao seu assento. Se você chegou cedo, geralmente começa a folhear e ler o programa.

Então, aos poucos você vai descobrindo quem projetou o cenário, quem são os atores e as atrizes — de onde vêm, que outros trabalhos já realizaram — e (muito útil se você estiver assistindo a uma ópera em um idioma que não lhe é familiar) uma sinopse de cada ato.

> Se abrirmos o programa aleatoriamente e olharmos uma página qualquer, não será possível dizer do que se trata aquela peça, que rumo tomará ou como terminará. Para entender toda a história, você deve ler o roteiro do princípio ao fim. O mesmo acontece com a História de Deus.

A Bíblia é o seu programa desta noite. É o seu guia dos bastidores de uma história que foi escrita antes do início dos tempos, quando o palco estava sendo preparado para a grande produção. Ela nos informa o que precisamos saber sobre o autor, sobre os atores e a história que está se desenrolando, tanto no palco da história humana quanto no céu.

Então, com a Bíblia na mão, a peça começa.

A cortina se levanta. Um silêncio cai sobre a plateia. Você fica atento a tudo, pois não quer perder nada. O palco está escuro e vazio. A história começa.

No princípio, criou Deus... (Gn 1.1, ARC).

Nesse momento, descobrimos quem é o narrador... Aquele que vai contar a história. Ouviremos Sua voz do princípio ao fim:

E disse Deus... (Gn 1.3, ARC).

———✦———

Se abrirmos o programa aleatoriamente e olharmos uma página qualquer, não será possível dizer do que se trata aquela peça, que rumo tomará ou como terminará. Para entender toda a história, você deve ler o roteiro do princípio ao fim.

O mesmo acontece com a História de Deus. A Bíblia tem começo, meio e fim. Essa história dá sentido ao nosso mundo e explica como nos encaixamos no plano eterno de Deus. Isso nos coloca em contexto e nos dá um gabarito por meio do qual podemos lidar com as dificuldades que chegam à nossa vida.

Existem quatro atos principais nessa história. O programa nos informa o que esperar em cada um deles.

PRIMEIRA PARTE

Primeiro ato: Criação. Deus criou este mundo — Ele tudo criou, incluindo a raça humana — para glorificá-Lo e dEle desfrutar para sempre. Ele declarou que tudo era bom e abençoou toda a Sua criação.

Segundo ato: Queda. Adão e Eva (e, através deles, todos os seus descendentes) escolheram se rebelar contra esse Deus bom. As consequências de sua declaração de independência foram amplas e trágicas. O primeiro casal foi banido do Éden, o jardim que Deus havia criado para que dele desfrutassem. O relacionamento de Adão e Eva com Deus e um com o outro foi quebrado. A terra foi submetida a uma maldição — a maldição do pecado. Toda forma de injustiça, ódio, violência, maldade, contenda e abuso tem sua origem no coração pecaminoso do homem e acaba levando à morte. O rompimento causado pelo pecado é visível em todo o mundo.

Intervalo

SEGUNDA PARTE

Terceiro ato: Redenção. Mesmo antes do surgimento do pecado, Deus iniciou a execução de um plano para reconciliar o homem Consigo e restaurar a bênção perdida. Ele enviou Seu Filho à terra para viver sem pecado, como deveríamos ter vivido e, dessa forma, pagar o preço do pecado com Sua própria vida.

Quarto ato: Nova Criação. Toda a história está sendo conduzida em direção ao ápice — à consumação — de Sua história. Cristo retornará à terra, trazendo julgamento eterno para Seus inimigos e salvação eterna para aqueles que Lhe pertencem. Ele criará novo céu e nova terra — livres de todo pecado e sofrimento — e reinará para sempre, sem nenhum opositor.

Na primeira parte — que conhecemos como Antigo Testamento —, vemos o povo de Deus se rebelando contra Ele. Repetidamente Deus derrama Sua misericórdia e perdão. O povo se arrepende. Só que eles pecam novamente. E assim sucessivamente.

O tempo todo, Deus "dá dicas" sobre os dois atos finais. Ele promete enviar um Salvador, que cumprirá perfeitamente a lei divina que foi violada por toda a humanidade. Alguém que não falhará. E esse Alguém nos redimirá de nosso rompimento e degradação e nos reconciliará com o Pai.

Nas páginas do Antigo Testamento, temos vislumbres dAquele que virá. Ele é (foi e será)...

- O descendente da mulher (Gn 3.15, NBV).
- A estrela de Jacó (Nm 24.17, NBV).
- O profeta como Moisés (Dt 18.15).
- O comandante do Exército do Senhor (Js 5.14).
- O parente resgatador (Rt 3.9, NBV).
- O Redentor ressurreto e que retornará (Jó 19.25, NBV).
- O bom pastor (Sl 23.1).
- O primeiro entre dez mil (Ct 5.10, TB).
- O Sol da justiça, que nascerá trazendo cura em seus raios (Ml 4.2, NBV).
- E muito, muito mais!

No entanto, ano após ano as pessoas esperavam, e ano após ano as gerações iam se cansando dessa espera... Onde Ele está? Quando virá? Será que virá realmente?

As luzes do teatro se acendem. Estamos em nossos lugares, e o intervalo começa. Mas esse não é um intervalo comum...

Essa interrupção da peça dura quatrocentos anos. O palco fica às escuras e nele não há atividade alguma. O narrador permanece em silêncio.

Não há mais profetas. Os sacerdotes continuam suas rotinas, mas as promessas do amanhecer de um novo dia se tornam lembranças difusas. O povo de Deus vive gerações e gerações de silêncio e escuridão celestiais.

Então as luzes no vestíbulo piscam. A longa espera terminou.

A segunda parte está prestes a começar.

Você retorna ao seu lugar e olha novamente o programa. Por algum motivo, você não havia reparado no título do próximo ato. Agora ele chama a sua atenção: *redenção*.

É nesse ato que Deus entra pessoalmente na história através do nascimento de uma criança e leva o drama ao clímax, com sua morte e ressurreição. Embora tenha sido predito há muito tempo, esse desenrolar da trama surpreende a todos (exceto a Deus, é claro). Então... tudo muda!

> Ó noite santa de estrelas fulgurantes! Ó linda noite em que o Cristo nasceu. Estava o mundo pecador errante
> Até que o Cristo na terra aparece.
> As almas vivem nova esperança
> Em clara aurora a nova luz se ergueu.[2]

—✦—

Paraíso (Criação), *Paraíso Perdido* (Queda) e *Paraíso Restaurado* (Redenção e Nova Criação) — essas são as

---

[2]Texto de Placide Cappeau (1847), letra em português extraída de luteranos.com.br/conteudo/o-noite-santa.

grandes ideias da História de Deus. Estamos, agora, vivendo a transição entre o Paraíso Perdido e o Paraíso Restaurado. Ainda sofremos os efeitos da Queda e, com frequência, parece que o mal prevalece. Porém, venturosamente, nosso fiel e Todo-poderoso Deus está, por meio de Cristo, intensificando o processo de redimir e tornar novas todas as coisas.

Ainda sofremos os efeitos da Queda e, com frequência, parece que o mal prevalece. Porém, venturosamente, nosso fiel e Todo-poderoso Deus está, por meio de Cristo, intensificando o processo de redimir e tornar novas todas as coisas.

Certas páginas e capítulos da nossa vida parecem sem sentido. Podem até mesmo parecer cruéis. Com certeza não é o tipo de história que um Deus bom escreveria... Se olharmos apenas para a pequena fatia da realidade em que vivemos, poderemos concluir — como muitos — que nosso mundo é irremediavelmente insano, e somos meras vítimas de um destino aleatório ou de um deus malévolo que não merece nossa confiança e fidelidade. Com certeza, não teríamos motivos para sentir esperança, paz ou alegria.

No entanto, encontramos na Palavra de Deus um pano de fundo que nos mostra como tudo já foi um dia e como tudo chegou ao ponto em que está hoje. E ali também descobrimos um Deus que é fiel, cuja história não pode ser frustrada, e que está sempre trabalhando para realizar Seu bom e eterno plano, usando até mesmo atos e circunstâncias humanos distorcidos para, no final, dar glória a Si mesmo. E é nessas mesmas Escrituras que encontramos promessas de que um futuro brilhante e seguro nos espera.

Em Sua Palavra, descobrimos um Deus que é fiel, cuja história não pode ser frustrada, e que está sempre trabalhando para realizar Seu bom e eterno plano, usando até mesmo atos e circunstâncias humanos distorcidos para, no final, dar glória a Si mesmo.

Você já se surpreendeu, ao ler um romance, querendo pular para o final a fim de descobrir o que acontece? O enredo é complexo e assustador, e a cada página você "rói as unhas".

A impressão é que os mocinhos estão sendo dominados e surrados pelos bandidos. "Como tudo isso vai acabar?", você se pergunta. Cresce a ansiedade para descobrir como os problemas serão resolvidos, como os mistérios serão solucionados e se haverá um final feliz.

Às vezes, é isso o que queremos na vida: olhar para o futuro e saber o que vai acontecer.

— O Senhor algum dia me dará um cônjuge?

— Meu casamento voltará a ser feliz?

— Meu filho pródigo voltará para casa?

— Conseguirei encontrar um emprego?

— Minha irmã será curada dessa enfermidade?

— Meu pai idoso e incrédulo um dia confiará em Cristo?

— Como será a minha morte?

Queremos pular os capítulos longos e difíceis, com toda a sua dor e seus problemas, e ir direto para o final. Só que isso não é possível.

O mais fascinante é que, em Sua Palavra, Deus nos revela o suficiente sobre o fim da história a fim de nos dar esperança e coragem para enfrentarmos o que acontecer entre aqui e lá... entre o agora e o depois.

Não se pode minimizar a importância de um final apoteótico. Uma boa conclusão torna significativo tudo o que aconteceu no processo. Caso contrário, o que resta é apenas desapontamento.

Às vezes, o final não é exatamente o que se esperava. Talvez você tenha lido, na escola, alguns contos de William Sydney Porter (1862-1910), mais conhecido por seu pseudônimo "O. Henry". Suas histórias são ambientadas no cotidiano e costumam lidar com pessoas comuns. Considera-se uma de suas melhores e mais famosas histórias "O presente dos magos", que foi contada com inúmeras variações nos últimos cem anos.

O recurso característico utilizado nos contos de O. Henry são seus finais surpreendentes. Imagine chegar à página final e ser flagrado com uma conclusão totalmente inesperada! Então... de repente... tudo começa a fazer sentido. Como leitor, você é recompensado por sua paciência e deleita-se com a surpreendente finalização.

No final, a História de Deus será assim — muito melhor do que qualquer coisa que já imaginamos, surpreendendo e encantando todos aqueles que confiaram nEle. Mas o final será chocante e aterrorizante para todos aqueles que pensaram que poderiam ignorá-Lo, ou desafiá-Lo, e sair ilesos. Será muito pior do que qualquer coisa que eles nem sequer imaginaram. *Desenlace* é uma palavra que eu (Nancy) amo desde que a aprendi nas aulas de literatura do ensino médio. Ela se refere à parte final de uma história, quando todos os elementos da trama se juntam e tudo é explicado ou resolvido. Geralmente, é o momento em que tudo é esclarecido e o resultado final é revelado.

Ao se escrever uma história, não se antecipam todos os desenvolvimentos da trama. A ideia é manter os leitores interessados até o fim. É como guardar os fogos de artifício mais brilhantes, mais bonitos e melhores para o final de um grande evento. Ou, como Jesus, oferecer o melhor vinho ao final do banquete de casamento em Caná da Galileia.

Porém, o ato final da História de Deus ofuscará o final de todas as outras histórias já contadas.

—— ⚜ ——

Deus ex machina é um termo do teatro grego antigo que significa literalmente "o deus surgido da máquina". Esse dispositivo era às vezes utilizado por dramaturgos antigos quando eles deparavam-se com um enredo complexo ou com uma trama impossível. Eles usavam máquinas para levar um "deus" ao palco, às vezes em uma nuvem, visando resolver todos os problemas e dramaticamente anunciar "Fim". *The end. Fine.* Desce a cortina.

O termo agora é usado para se referir ao tipo de história que termina "quando uma força externa determina o resultado, e não as ações e decisões tomadas pelos personagens".[3] No último segundo, do nada, algo ou alguém aparece de repente, derrota os bandidos, resgata os mocinhos, resolve o conflito e corrige tudo o que está errado.

Os professores de redação concordam que "*deus ex machina*" não é a melhor forma para terminar uma história. É considerada uma maneira preguiçosa — um atalho para resolver problemas complexos e criar uma solução. E... simplesmente não é plausível.

No entanto, esse dispositivo de cena nos dá uma ideia de como a História de Deus terminará. *Deus ex machina* nos faz lembrar de uma das passagens mais dramáticas e intensas de toda a Palavra de Deus. Encontra-se perto do fim da Bíblia e descreve o resultado da batalha final, quando Deus dará o golpe decisivo para acabar com toda rebelião e injustiça.

> *Nisso vi os céus abertos e um cavalo branco diante de mim; e aquele que estava montado no cavalo chamava-se "Fiel e Verdadeiro". Ele é aquele que julga e guerreia com justiça. Os olhos dele eram como labaredas de fogo, e na sua cabeça havia muitas coroas. Na testa dele estava escrito um nome, e só ele sabia o seu significado. Estava vestido com roupas mergulhadas em sangue, e o título dele era "Palavra de Deus".*

---

[3]STRATHY, Glen C. *Effective story endings*, How to Write a Book Now, acessado em 25 de janeiro de 2019, https://www.how-to-write-a-book-now.com/story-endings.html.

Os exércitos do céu, vestidos do linho mais fino, branco e limpo, seguiam-no montados em cavalos brancos. Da sua boca saía uma afiada espada para derrubar as nações. Ele as governou com uma vara de ferro; e pisou o lagar do furor da ira do Deus Todo-poderoso. No manto e na coxa dele estava escrito: Rei dos Reis e Senhor dos Senhores. (Ap 19.11,16, NBV)

Pense em Deus (não "um deus") entrando em cena para corrigir todos os erros na terra pecaminosa! Este é o começo do fim — e então a Nova Criação acontece. Todas as coisas são feitas novas. O Paraíso é restaurado, para nunca mais ser perdido.

Esse é o desenlace da História de Deus — o final e a explicação satisfatórios pelos quais esperamos, mesmo experimentando o sofrimento, a perda e a ruptura na vida, enquanto estamos em um estado de "já, mas ainda não". Essa é a esperança à qual ancoramos a nossa alma. A promessa em que depositamos a nossa vida.

Aleluia! Está terminado! Amém! *Vem, Senhor Jesus!* (Ap 22.20)

16

Você realmente pode confiar em Deus

SUA HISTÓRIA

Sua história é uma biografia de sabedoria
e graça escrita por outra pessoa. Cada
mudança que Ele faz em sua história está certa.
Cada reviravolta na trama é para o seu bem.
Todo novo personagem ou evento inesperado
é uma ferramenta de Sua graça. Cada
novo capítulo é um avanço em Seu propósito.[1]

Paul Tripp

Imagine que você esteja assistindo a um jogo do seu time favorito em pleno campeonato. O jogo está empatado aos 45 minutos do segundo tempo. Quando um passe errado acontece, você se senta na beirada da almofada do sofá, rói as

---

[1]TRIPP, Paul David. *New morning mercies: a daily gospel devotional*. Wheaton, IL: Crossway, 2014, p. 203.

unhas, prende a respiração e grita "Não acredito! Seu perna de pau!"

Agora o cenário é diferente: você pega uns petiscos, senta-se em sua poltrona favorita, estica as pernas e delicia-se com o jogo. A ansiedade deixou a cena. Você está tranquilo... Por quê?

Porque você está assistindo a um *replay* do jogo! Você já sabe o resultado — seu time venceu! E isso faz toda a diferença em como você assiste ao jogo. Você sabe como será o final. Não precisa se estressar.

É claro que a vida é muito mais séria do que um jogo. E, para falar a verdade, às vezes, ela se parece mais com uma guerra! No entanto, aqueles que estão em Cristo não precisam se desesperar, não importa que jogadas ou passes frustrantes possam ocorrer.

Por quê?

Porque sabemos quem vence! É por isso que podemos continuar a confiar em Deus, mesmo em momentos nos quais a nossa história não está se desenvolvendo da maneira que esperávamos, ou como pensávamos que ela deveria ser.

Ouvimos a história de Tayler Beede pela primeira vez através de seu pai, Scott Lindsay, que é nosso amigo; desde então, nós a seguimos em alguns *blogs* nos quais ela escreve.

Tayler sonhara e planejara detalhadamente seu futuro com o marido, Kyle. Seus planos não incluíam a perda de um bebê nem um tumor cerebral, ambos antes dos 22 anos de idade. Não era o que ela esperava ou pedia em oração.

Porém, é assim que a sua história tem sido. Neste momento, Tayler está no processo de abrir mão dos sonhos que ela tanto acalentara. Ela escreve:

> Se realmente entreguei minha vida a Deus, isso implica confiar nEle em todos os aspectos: cada palavra, frase parágrafo e capítulo. Mesmo quando me sinto incapaz de virar a página e ver o que acontecerá em seguida [...].
>
> Tudo isso faz parte do que torna nossa fé tão espantosa, mas ao mesmo tempo tão bela. Por causa da nossa fé em Cristo, sabemos que, no final, Ele resgatará todas as partes assustadoras e aparentemente sem esperança.[2]

— Conte a sua história para nós!

Dizemos isso às pessoas e até mesmo a estranhos com quem iniciamos uma conversa.

Não nos referimos aos seus *posts* no *Instagram*, destinados a entreter ou impressionar. Queremos ouvir a sua história — quem você é de verdade e como chegou ao ponto em que está; seus anseios e fardos, alegrias e provações, lutas e desafios; o que faz você perder o sono e o que motiva você a se levantar a cada manhã.

Dito isso, você poderia pensar: "Mas não há nada de especial em mim ou na minha história. Fala sério! Por que alguém se interessaria por minha vida?"

---

[2] BEEDE, Taylor. *Trusting God to write your story*, Girlfriends in God, 27 de novembro de 2017, http://girlfriendsingod.com/trusting-god-write-story/.

Ocorre que nós estamos realmente interessados na sua história! E não é só isso... Acreditamos que, mais do que nós, Deus está interessado nela — na história que Ele está escrevendo para esculpir a sua vida.

Todos gostaríamos de experimentar os benefícios e as bênçãos do sofrimento, mas... sem sofrer. Admiramos as histórias de outras pessoas que experimentaram a graça em meio ao fogo, mas queremos que as nossas próprias histórias sejam "à prova de fogo". Porém, Deus nos ama demais para permitir que tenhamos esse tipo de vida.

Mas minha história é muito confusa!, você pode estar pensando... E então você chega e diz que posso confiar em Deus para escrevê-la. Como a história dEle para a minha vida (ou para a vida de alguém a quem amo) pode incluir...

- Não saber quem é meu pai e ter sido abandonado por minha mãe aos 2 anos de idade;
- ouvir minha esposa dizer: "Vou embora, encontrei outra pessoa";
- ter meu apartamento invadido por um desconhecido e ser estuprada durante meu último ano de faculdade;
- sofrer múltiplos abortos dolorosos e nunca conseguir levar uma gravidez até o fim;

- ver minha filha rebelde sair de casa... e não saber onde ela está ou se a verei novamente;
- estar em uma consulta médica e ouvir o médico dizer: "Seus exames chegaram e você tem esclerose múltipla";
- ou _____. (preencha este espaço com alguma situação da sua vida)

Os itens anteriores são fases de uma história de vida para as quais não há uma explicação simples.

Precisamos ter gravado no nosso coração e na nossa mente que seguir a Jesus Cristo não nos torna imunes à dor nem ao sofrimento. Na verdade, alguns dos homens e mulheres mais fiéis das Escrituras sofreram muito. E isso não é coincidência.

Eu (Robert) ensino há mais de trinta anos na Escola Dominical e escolho sempre o mesmo texto da Bíblia para ler no primeiro domingo de cada ano. Essa passagem em Hebreus 12.1 é bem familiar e fala que *uma grande nuvem de testemunhas nos rodeia* — enquanto corremos a corrida que Deus nos designou. Quando ficamos cansados de correr, quando queremos desistir, essa vasta multidão nas arquibancadas nos encoraja a continuar.

E quem são essas testemunhas? Podemos ler sobre elas no capítulo 11 de Hebreus, onde encontramos uma longa lista de heróis da fé. Admiramos esses homens e mulheres do Antigo Testamento e suas realizações. Queremos imitar a fé que eles tiveram. No entanto, a maioria de suas histórias contém páginas e páginas que nenhum de nós gostaria de incluir como parte da própria história. De fato, a vida de muitos deles terminou de forma trágica — e, na nossa concepção, não seria essa a maneira que as histórias dos servos fiéis de Deus deveriam terminar:

Outros foram torturados até a morte; eles recusaram ser postos em liberdade a fim de ressuscitar para uma vida melhor. Alguns foram insultados e surrados; e outros, acorrentados e jogados na cadeia. Outros foram mortos a pedradas; outros, serrados pelo meio; e outros, mortos à espada. Andaram de um lado para outro vestidos de peles de ovelhas e de cabras; eram pobres, perseguidos e maltratados. Andaram como refugiados pelos desertos e montes, vivendo em cavernas e em buracos na terra. O mundo não era digno deles! (Hb 11.35-38)

Então, como esses santos fiéis suportaram tudo isso? O que os impediu de "jogar a toalha" e desistir?

Para começar, eles sabiam que o que viam não era o fim da história. Havia muito mais reservado à frente. O apego a essa promessa lhes permitiu perseverar em esperança, mesmo que o sofrimento não termine nesta vida.

Todos esses morreram cheios de fé. Não receberam as coisas que Deus tinha prometido, mas as viram de longe e ficaram contentes por causa delas. E declararam que eram estrangeiros e refugiados, de passagem por este mundo. E aqueles que dizem isso mostram bem claro que estão procurando uma pátria para si mesmos [...] estavam procurando uma pátria melhor, a pátria celestial. E Deus não se envergonha de ser chamado de o Deus deles, porque ele mesmo preparou uma cidade para eles. (Hb 11.13,14,16)

Eles não viram a história completa durante a vida aqui na terra. Nós também não podemos ver toda a história durante a nossa breve passagem pela vida aqui. Esses homens e mulheres foram adiante de nós. Eles já completaram sua corrida. Suas histórias estão terminadas. A nossa, porém, ainda está sendo escrita. Assim, o escritor de Hebreus recomenda: *Corramos com perseverança a corrida que Deus propôs para nós* (Hb 12.1, NBV). Nossos ancestrais espirituais completaram sua corrida; agora é hora de corrermos a nossa. E isso requer perseverança, energia e firmeza. Como desenvolvemos essas qualidades? Através de provações e tribulações. Não há exceções nem atalhos.

Enquanto escrevíamos este livro, muitos amigos queridos (e alguns estranhos) nos abriram o coração. Eles nos confiaram alguns dos capítulos mais sombrios e difíceis, as lembranças mais dolorosas de suas histórias. Nossas conversas com eles foram um solo sagrado para nós.

*A História de Deus é muito mais
do que apenas nos proporcionar um passeio
divertido sem intercorrências para o céu.
É sobre a vinda de Seu reino e sobre
Sua vontade sendo feita na terra — em nós!
— como no céu. Trata-se de nos preparar
e nos equipar para a eternidade.*

Em cada caso, ficamos maravilhados com a persistência que esses homens e mulheres mostraram durante os trechos mais exigentes e difíceis da corrida que lhes foi proposta. Ficamos admirados ao observar o fruto incrível e maravilhoso que brotou na vida dessas pessoas — exatamente em razão de sua dor e perda, e não apesar delas. Ao olharmos essas interações a distância, somos lembrados de que a aflição realmente faz tudo o que as Escrituras afirmam — em nós e através de nós:

> Pois sabemos que os sofrimentos produzem a
> paciência, a paciência traz a aprovação de Deus,
> e essa aprovação cria a esperança. Essa esperança
> não nos deixa decepcionados (Rm 5.3-5).

Em meio ao fogo, esses amigos se apegaram às Suas promessas; e eles não ficaram decepcionados. Deus nunca os abandonou (embora eles possam ter se sentido abandonados, às vezes). Pelo contrário, eles experimentaram Sua presença e carinho como nunca. E, por mais estranho que pareça, a maioria declara que não trocaria sua experiência, mesmo com toda a dor, por nenhuma outra coisa que este mundo pudesse lhes oferecer.

Todos gostaríamos de alcançar esses resultados na nossa vida. Queremos estar mais perto de Deus, ter fé forte e paz inabalável, mergulhar nas profundezas de Seu amor e graça, ter um caráter aprovado e piedoso e ser cheios de esperança. No entanto, preferimos ter tudo isso sem passar pelo que eles passaram.

Todos gostaríamos de experimentar os benefícios e as bênçãos do sofrimento, mas... sem sofrer.

Admiramos as histórias de outras pessoas que experimentaram a graça em meio ao fogo, mas queremos que as nossas próprias histórias sejam "à prova de fogo".

Sabemos que os diamantes são formados nos lugares escuros da terra sob intensa pressão durante longo tempo. Só que queremos o resultado — gemas reluzentes e preciosas — sem passar pelo processo necessário.

Se escrevêssemos as nossas próprias histórias, ou as de nossos familiares e amigos mais próximos, optaríamos por um céu ensolarado e um mar calmo, e pularíamos os dias sombrios e tempestuosos. Cada página incluiria o que nos é familiar e previsível, com o mínimo possível de alterações e surpresas. Gostaríamos de flutuar e boiar nas águas suaves e rasas do rio tranquilo da vida, evitando as correntezas ou corredeiras com as quais não sabemos lidar sozinhos.

No final das contas, escreveríamos uma narrativa na qual não precisaríamos de Deus, exceto como um Distribuidor Cósmico Ocasional de Bênçãos.

Porém, Deus nos ama demais para permitir que tenhamos esse tipo de vida. Deus ama você demais para permitir que isso lhe aconteça.

—⚜—

"Você não tem uma história até que algo dê errado."

O escritor de contos e romancista *best-seller* Steven James dá um conselho aos candidatos a escritores, o qual também se aplica à história que Deus está escrevendo na nossa vida. James diz:

> No fundo, uma história é sobre uma pessoa que lida com a tensão, a qual é criada por um desejo não realizado. Sem

forças antagônicas, sem contratempos, sem um evento crítico que inicie a ação, não temos uma história.[3]

A História de Deus é muito mais do que apenas nos proporcionar um passeio divertido sem intercorrências para o céu. É sobre a vinda do Seu reino e sobre Sua vontade sendo feita na terra — em nós! — como no céu. Trata-se de nos preparar e nos equipar para a eternidade e de nos transformar e nos fazer crescer, de crianças imaturas, egoístas, idólatras, birrentas e pecadoras, em seguidores maduros de Cristo, adoradores agradecidos e obedientes. Como todas as boas histórias, trata-se de *transformação*.

Steven James explica:

> A trama é a jornada em direção à transformação [...]. No nível elementar, uma história é a revelação de uma transformação — seja a transformação de uma situação, seja, mais comumente, a transformação de um personagem.[4]

O fator determinante no processo de mudança é como o personagem reage à trama. James ressalta que toda história tem dois tipos de personagens — as quais ele chama de "seixo" e de "argila". Veja como ele descreve a diferença:

> Se você jogar um seixo contra uma parede, ele baterá na parede, sem se alterar. Mas se você atirar uma bola de

---

[3]JAMES, Steven. *The 5 essential story ingredients*, Coluna do convidado, *Writer's Digest*, 9 de maio de 2014, http://www.writersdigest.com/online-editor/the-5-essential-story-ingredients.
[4]Ibid.

argila, com força, contra uma parede, sua forma será alterada [...].

Quando você "joga" uma pessoa tipo argila na crise da história, ela muda para sempre. Ao final, sua forma será diferente do que era no início.[5]

As pessoas tipo seixo permanecem as mesmas, não importa o que aconteça com elas e ao seu redor. Elas não são particularmente interessantes, nem relevantes; na História de Deus, as pessoas tipo seixo tendem a ser resistentes ao que Ele quer fazer com a vida delas.

Porém, as pessoas tipo argila dizem a Deus: "O SENHOR é o oleiro; eu sou o barro (v. Jr 18.1-6). Mude, molde e, se necessário, quebre e refaça o que for preciso para me transformar na pessoa que o Senhor quer que eu seja".

Uma dessas pessoas tipo argila foi alterada para sempre por seu sofrimento e, por sua vez, tornou-se um instrumento de graça e transformação em inúmeras vidas, incluindo a nossa.

Em um dia quente de verão em 1967, uma menina de 17 anos mergulhou na baía de Chesapeake, perto de sua casa em Maryland. Ela calculou mal a profundidade da água e atingiu o fundo, quebrando o pescoço. Em um segundo, essa adolescente despreocupada se tornou tetraplégica. Ela ficou confinada a uma cadeira de rodas pelo resto da vida, incapaz de usar os braços e as pernas e, frequentemente, com

[5] Ibid.

dores crônicas. Ela nunca mais foi a mesma. Um "trágico acidente", como a maioria de nós chamaria.

E foi o que ocorreu com nossa querida amiga *Joni Eareckson Tada*, que se viu nos dois anos seguintes entre várias hospitalizações e reabilitações, enquanto lutava contra raiva intensa, depressão, pensamentos suicidas, dúvidas sobre sua fé e medo quanto ao futuro. Ela se lembra:

> Eu queria confiar em Deus, mas ainda estava ansiosa [...]. Se Deus permitiu que meu acidente acontecesse sendo eu ainda tão jovem, um acidente que me deixou tetraplégica, então o que viria em seguida? O que mais Ele faria?[6]

Então Deus, em Sua Providência, trouxe um jovem chamado Steve Estes para a vida de Joni. Steve não se intimidou pelas perguntas difíceis que ela lhe fazia, e a ajudou pacientemente a construir uma base sólida para seus sentimentos, mesmo em meio a muita dor física, enquanto descobria como conviver com seu corpo imóvel. Depois que saiu do hospital, Joni passou a se reunir semanalmente com outros amigos cuja fé também fora abalada por sua tetraplegia.

Para todo filho de Deus, em todas as circunstâncias, o melhor ainda está por vir.

---

[6]Tada, Joni Eareckson. *God permits what he hates*, transcrição do programa de rádio Nº 9169, Joni & Friends, 22 de junho de 2017, http:// t.joniandfriends.org/radio/4-minute/god-permits-what/.

Abrindo a Bíblia, Steve mostrou a eles que Deus odeia o sofrimento humano, mas que nosso sofrimento se encaixa em um "grande mosaico" — um quadro mais amplo que é nítido para Ele, mas em sua maior parte é embaçado para nós. Deste lado da eternidade, não podemos ver como esse quadro será quando estiver pronto. Mas Ele conhece a conclusão e prometeu que o desfecho será um bem maior para nós e uma glória para Si mesmo.

Quando lhe pedem para identificar o fator mais importante que alterou toda a sua perspectiva após o acidente, Joni diz sem hesitar que foi a noite em que Steve lhe disse: "Joni, às vezes Deus permite que aconteça o que Ele odeia, para poder realizar o que Ele ama".[7]

Essa frase acendeu uma lâmpada para Joni. Ela entendeu, por exemplo, como Deus permitiu que Seu próprio Filho fosse morto, mesmo odiando a crueldade e a injustiça, ao mesmo tempo que amava o que seria conquistado pela cruz — salvação para todos que cressem.

> Da mesma forma, Deus odiava a lesão na minha medula espinhal — ele permitiu que aquele terrível acidente acontecesse, o que resultou em minha paralisia permanente. Mas Ele Se deleitou na maneira pela qual meu acidente se encaixou em um grande e bom mosaico, não apenas para mim, mas para muitas outras pessoas com deficiências — pessoas a quem tive a chance de ajudar [...]. Sim,

---

[7] TADA, Joni Eareckson. *Reflections on the 50th anniversary of my diving accident*, The Gospel Coalition, 30 de julho de 2017, https:// www. thegospelcoalition.org/article/reflections-on-50th-anniversary -of-my-diving-accident/.

Deus permitirá coisas que Ele odeia, para que algo que Ele ama possa ser realizado.[8]

Que parte de sua história foi permitida por Deus, mas que parece ser inconsistente com Sua bondade e amor? Será que Deus está permitindo "isso" que Ele odeia, a fim de atingir o resultado que Ele ama? Quando discutimos esse tema com nosso amigo e produtor de cinema Stephen Kendrick, ele fez a seguinte observação: "Deus gosta de usar coisas muito, muito ruins para fazer coisas muito, muito boas".

Enquanto trabalhávamos neste capítulo, eu (Nancy) encontrei uma amiga cujo marido, um homem de 50 e poucos anos, está em estágio avançado do mal de Alzheimer, que se instalou precocemente, e agora requer cuidados médicos em tempo integral. Está sendo uma jornada exaustiva para os dois, e ainda não terminou. Quando conversei com ela, pude sentir o cansaço em sua voz. De nossa perspectiva finita e limitada, isso simplesmente não faz sentido. Sabemos que o sofrimento é uma parte inevitável da história de todos nós. Não deveríamos ficar surpresos. Porém, quando sofremos, como lidamos com a nossa dor? Como perseveramos? Quando há ondas enormes nos jogando de um lado para o outro, como evitamos afundar? Posso afirmar, sem medo de errar, que é fundamental ganharmos uma perspectiva

---

[8]Tada, Joni Eareckson. *God permits what he hates*, transcrição do programa de rádio Nº 9169, Joni & Friends, 31 de janeiro de 2014, https://old.joniandfriends.org/radio/4-minute/god-permits-what-he-hates2/.

correta — para isso devemos elevar os olhos *para Deus* em vez de olhar para as circunstâncias *ao redor* ou para *dentro de nós*; assim, devemos acalmar nosso coração com a verdade, realinhando nossa mente e nosso coração em acordo com Sua História.

Em 1895, um pastor, professor e escritor sul-africano chamado Andrew Murray (1828-1917) estava pregando e fazendo grandes conferências cristãs na Inglaterra. Sentindo dores físicas causadas por uma lesão sofrida alguns anos antes (em um acidente de carroça quando viajava pela África do Sul)[9] e tendo recebido críticas desanimadoras de uma pessoa bem conhecida, Murray, exausto, optou por permanecer na cama no domingo de manhã. Só que, em vez de afundar em desânimo ou ceder à melancolia, ele decidiu escrever algumas notas para seu próprio encorajamento.

No alto da folha, ele registrou: "Em tempos difíceis, diga...". Então ele escreveu o seguinte, acalmando seu próprio coração com a verdade:

- *Primeiro*, Ele me trouxe até aqui; é por Sua vontade que estou precisamente neste lugar; descansarei nesse fato.
- *Em seguida*, Ele me conservará aqui em Seu amor e me dará graça para me comportar como Seu filho.
- *Então*, Ele fará desta provação uma bênção, ensinando-me as lições que deseja que eu aprenda e me abençoando com a graça que Ele pretende conceder.

[9]CHRISTIE, Vance. "'In time of trouble say' (Andrew Murray)", VanceChristie. com, 29 de agosto de 2015, http://vancechristie.com /2015/08/29/ in-time-of-trouble-say-andrew-murray/.

244 DEIXE DEUS ESCREVER SUA HISTÓRIA

- *Por fim*, na hora certa, Ele é capaz de me reerguer — como e quando, Ele bem sabe.

Portanto, posso dizer que estou aqui:

- Por desígnio divino.
- Sob Seus cuidados.
- Sob Seu treinamento.
- Pelo tempo que Ele quiser.[10]

Nunca é demais nos lembrarmos dessas verdades. De fato, você deveria copiar as palavras de Murray e colocá-las em um lugar onde possa relê-las sempre que estiver em um "momento difícil". E aqui está uma das citações do pastor e autor Warren Wiersbe que eu (Nancy) compartilho frequentemente e que você pode adicionar à afirmação de Andrew Murray:

> Quando Deus nos coloca na fornalha, Ele sempre está de olho no relógio e com Sua mão no termostato.[11]

Sempre!

Nunca se esqueça de que Deus ama você. Ele cuida de você. Ele sabe quanto você pode suportar e por quanto tempo. O que você está atravessando não durará para sempre. E, qualquer que seja o tipo de sofrimento que esteja enfrentando — se você tem algo que não deseja, ou se deseja algo que não tem —, esse é o tipo exato de

---

[10] Ibid.

[11] WIERSBE, Warren W. *Prayer, praise and promises: a daily walk through the Psalms*. Grand Rapids: Baker Books, 2011, p. 96.

perspectiva celestial que lhe dará graça, coragem e energia para prosseguir.

Então, em primeiro lugar, olhe para cima. Fortaleça-se pelo conhecimento da Providência e dos propósitos de Deus. _E depois... olhe para a frente._ Encontre esperança, mantendo-se fiel às Suas promessas.

Foi isso que capacitou **Andrea e Josh Smith** a perseverarem na corrida que Deus preparou para eles.

Andrea era uma corredora, portanto se exercitava regularmente. Até onde sabia, sua saúde era perfeita. Em 2013, porém, ela foi diagnosticada com câncer no estágio 4. Ela tinha um grande tumor na cavidade torácica, ao redor do coração, além de um tumor no fígado. Ela e seu marido, o pastor Josh, junto com suas quatro filhas, não poderiam imaginar o longo e difícil caminho que enfrentariam nos meses seguintes. A cirurgia não era uma opção viável pelo fato de o tumor estar ao redor do coração. Durante os nove meses seguintes, ela passou por seiscentas horas de quimioterapia, quatro infusões na coluna vertebral para levar a quimioterapia até o cérebro, uma grande cirurgia e 24 sessões de radiação. Por muito tempo, Andrea ficou extremamente debilitada.

Andrea e Josh entenderam que Deus estava escrevendo a história deles. Ao longo de sua jornada, Josh enviava atualizações periódicas por _e-mail_ para aqueles que se preocupavam com eles e os apoiavam. Independentemente de quão desanimadoras fossem as notícias, suas mensagens sempre terminavam com a frase:

— _O melhor ainda está por vir._

Pela misericórdia de Deus, Andrea se recuperou — sobrenaturalmente, ao que parece. Porém, por um longo tempo, Andrea e Josh não sabiam se obteriam uma resposta positiva deste lado da eternidade. Não havia garantias de que Andrea ficaria curada nesta vida, mas mesmo assim eles caminharam com a confiança de que, no final, tudo ficaria bem. Enquanto eu (Nancy) acompanhava a história de Josh e Andrea, fiquei impressionada com a mensagem recorrente a cada atualização de que, para todo filho de Deus, em todas as circunstâncias, o melhor ainda está por vir. Nossa esperança para um futuro feliz não está na cura, nem nos médicos, nem nas respostas ou soluções para nossos problemas, mas na garantia de que...

> *Olho nenhum viu, ouvido nenhum ouviu,*
> *e mente nenhuma imaginou*
> *o que Deus preparou para aqueles que o*
> *amam* (1Co 2.9, NVT).

Lembre-se de que você não sabe o que está escrito no último capítulo. Neste momento, você está no meio de um parágrafo, no meio de uma página, no meio de um capítulo, no meio de um livro. Você pode confiar em Deus não apenas no parágrafo em que está, mas em todos os parágrafos e capítulos que virão. Além de confiar em Deus para escrever sua história, você também pode ter certeza de que, ao final, Ele também a *corrigirá*!

É isso que nos dá esperança para caminhar! Toda injustiça ou todo pecado cometido contra você, toda escolha pecaminosa ou tola que você tenha feito, tudo o que você temia que poderia deixar marcas permanentes na sua vida, tudo o que era confuso, complicado e corrupto... um dia será corrigido.

Além de confiar em Deus para escrever sua história, você também pode ter certeza de que, ao final, Ele também a corrigirá! Toda injustiça ou todo pecado cometido contra você, toda escolha pecaminosa ou tola que você tenha feito, tudo o que você temia que poderia deixar marcas permanentes na sua vida [...] um dia será corrigido.

À luz dessa promessa, podemos orar, nas palavras de Scotty Smith:

> Concede-nos graça renovada para confiar em Ti no que diz respeito ao futuro e esperança para chegar lá [...].
> Transforma nossos lamentos em adoração, nossas reclamações diárias em *carpe diem* e nossas preocupações, em fé.[12]

Amém.

---

[12] Smith, Scotty. *Every season prayers: gospel-centered prayers for the whole of life.* Grand Rapids: Baker Books, 2016, p. 50. Nota: a expressão *carpe diem* em latim significa "aproveite o dia".

*Como você descobriu a fidelidade
de Deus em episódios inesperados
ou difíceis da sua vida?*

Agradecimentos

A ideia inicial de *Deixe Deus escrever sua história* nasceu de uma conversa com outro editor, que não o deste livro. Em 2016, os principais editores cristãos dos livros pequenos para presentear, *Countryman Books*, sugeriram que compartilhássemos de forma impressa a história inusitada do nosso romance. Com o tempo, o conceito mudou, e o manuscrito aumentou. Quando terminamos, percebemos que ele não seria adequado para um formato diminuto dos livros para presentear, por isso concordamos em seguir por outro caminho. Obrigados, Laura Minchew, Jack Countryman, LeeEric Fesco e Kristen Parrish por darem início ao processo e por nos presentearem com sua graça durante todo o tempo.

Depois, nossos amigos da *Moody Publishers* assumiram o projeto e concordaram em publicar este livro. Às vezes, a palavra "amigo" é usada de maneira forçada ou sem significado. Mas, neste caso, é mais apropriada do que se pode imaginar. As pessoas que supervisionam e dirigem a Moody Publishers são, de fato, nossos queridos amigos: Greg Thornton, Paul Santhouse, Randall Payleitner, Judy Dunagan, Connor Sterchi, Erik Peterson, Janis Todd, Grace Park, Ashley Torres e Kate Warren, entre muitos outros. Somos muito gratos a cada um de vocês.

Depois que terminamos o primeiro rascunho do manuscrito, convidamos outra grande amiga, Anne Christian Buchanan, que na linguagem dos editores de livros seria considerada uma "doutora especialista em livros". As habilidades técnicas e de revisora de estilo de Anne, juntamente com sua paciência, sabedoria e graça, elevaram o nível de nosso manuscrito. Muito obrigados, Anne!

Também agradecemos a Erik Wolgemuth, nosso agente e divulgador deste projeto, além dos outros colegas da Wolgemuth & Associates. É uma grande alegria trabalhar com esses homens competentes.

Da mesma forma, agradecemos do fundo do nosso coração aos nossos parceiros do ministério *Revive our hearts*, cujo apoio, encorajamento e orações tornaram possível a realização deste projeto.

Nossa mais profunda gratidão às pessoas cujas histórias foram incorporadas a este livro. Algumas das nossas reuniões com elas foram presenciais; a maioria, porém, ocorreu por telefone. Ao final de cada conversa, Nancy e eu (Robert) nos entreolhávamos com admiração renovada, entendendo o valor do presente que eles haviam nos dado ao contar suas histórias, bem como o peso da responsabilidade em compartilhar o que acabáramos de ouvir.

Finalmente, somos gratos pela Providência do nosso Pai celestial, que nos ama, vai adiante de nós, dirige nossos passos e está escrevendo fielmente cada uma das nossas histórias. Quão terrível seria a nossa vida sem Ele... e quão rica ela é sob Seu cuidado paternal!

Sobre os autores

Robert e Nancy se casaram em 2015. Parte da história de seu namoro e casamento é contada neste livro. Mesmo que cada um deles tenha escrito mais de vinte livros, esta é a primeira obra que escrevem juntos. Robert é um talentoso contador de histórias, e Nancy ama extrair sólidas verdades bíblicas e trazê-las ao cotidiano das pessoas. O coração e a voz de ambos se fundiram na elaboração deste livro.

Nancy fundou e lidera o *Revive our hearts* [Aviva nossos corações], um ministério internacional que ajuda as mulheres a experimentar liberdade, plenitude e produtividade em Cristo. Robert é o cofundador da Wolgemuth & Associates, uma agência literária que representa mais de duzentos autores cristãos.

Robert tem duas filhas adultas, dois genros e seis netos. Embora Nancy não tenha filhos biológicos, ela tem inúmeros filhos e netos espirituais e relacionais. Robert descobriu isso quando se casou com ela.

Embora viajem bastante, o lugar favorito de Nancy e Robert é o seu lar, em Michigan.

Sua opinião é importante para nós. Por gentileza envie seus comentários pelo *e-mail* editorial@hagnos.com.br

Visite nosso *site*: www.hagnos.com.br

Esta obra foi composta na fonte Gentium Basic 11,5/15,15 e impressa na Imprensa da Fé.
São Paulo, Brasil.
Outono de 2020.